MARCO POLO

Tirol

Reisen mit Insider Tipps

Diesen Führer schrieben Renate Wagner-Wittula und Christoph Wagner.
Die Aktualisierung besorgte Siegfried Hetz, Kulturpublizist und Schriftsteller mit Wohnsitz in Wien und Salzburg.

www.marcopolo.de

Infos zu den beliebtesten Reisezielen im Internet, siehe auch Seite 102

SYMBOLE

Insider Tipp **MARCO POLO INSIDER-TIPPS:**
Von unseren Autoren für Sie entdeckt

★ **MARCO POLO HIGHLIGHTS:**
Alles, was Sie in Tirol kennen sollten

HIER HABEN SIE EINE SCHÖNE AUSSICHT

WO SIE JUNGE LEUTE TREFFEN

PREISKATEGORIEN

Hotels		Restaurants	
€€€	über 120 Euro	€€€	über 30 Euro
€€	60–120 Euro	€€	20–30 Euro
€	bis 60 Euro	€	bis 20 Euro

Die Preise gelten für ein Doppelzimmer mit Frühstück.

Die Preise gelten für ein Essen mit Vor-, Haupt- und Nachspeise.

KARTEN

[108 A1] Seitenzahlen und Koordinaten für den Reiseatlas Tirol

[U A1] Koordinaten für die Karte Innsbruck im hinteren Umschlag

[O] außerhalb des Kartenausschnitts

Zu Ihrer Orientierung sind auch die Orte mit Koordinaten versehen, die nicht im Reiseatlas eingetragen sind.

GUT ZU WISSEN

Inhalt

Die wichtigsten MARCO POLO Highlights

Sehenswürdigkeiten, Orte und Erlebnisse, die Sie nicht verpassen sollten

1 Gauderfest
Uriges Volksfest in Zell am Ziller mit Gauderschießen, Hahnenkämpfen, Widderstoßen und Ranggeln (Seite 25)

2 Schloss Ambras
Einzigartiges Renaissance-ensemble vor den Toren Innsbrucks (Seite 28)

3 Domkirche St. Jakob
Barocker Prunkbau mit pompös ausgestattetem Inneren (Seite 28)

4 Goldenes Dachl
Der Welt wahrscheinlich bekanntester Erker wurde in Innsbruck gebaut (Seite 29)

5 Hofkirche
Innsbrucker Gotteshaus und Grabmal der Superlative, von Kaiser Maximilian I. in Auftrag gegeben (Seite 30)

6 Stams
Hochbarocke Abtei der Zisterzienser, Begräbnisstätte der Tiroler Landesfürsten (Seite 41)

7 Silvretta-Hochalpenstraße
Über 20 km lange Pflichtstrecke für bergbegeisterte Autofahrer (Seite 44)

8 Erlebnisplattformen
Wo einem die Dreitausender die Sinne rauben (Seite 45)

Zisterzienserstift Stams

Turmbläser im Goldenen Dachl

9 Hall
Die einstige Salinensiedlung besticht durch ihr pittoreskes Stadtbild (Seite 53)

10 Swarovski Kristallwelten
Die unterirdische Zauberwelt André Hellers in Wattens ist ein Fest der Sinne (Seite 55)

11 Rattenberg
Im mittelalterlichen Ensemble der kleinsten Stadt Tirols entzücken vor allem die hübsch bemalten Häuser im idyllischen Malerwinkel (Seite 65)

12 Schloss Bruck
Das mittelalterliche Schloss in Lienz beheimatet die bedeutendste Sammlung von Albin Egger-Lienz' Werken (Seite 78)

13 Aguntum
Römisches Dolomitenstädtchen bei Lienz: um 150 n. Chr. erbaut, von den Hunnen im 5. Jh. zerstört und seit dem 18. Jh. systematisch freigelegt (Seite 80)

Teilnehmerin des Gauderfests

14 Umbalfälle
Wie ein mächtiger Gletscherbach seit Jahrtausenden die Felsen formt (Seite 83)

15 Alpenpark Karwendel
Im ältesten Tiroler Naturschutzgebiet sind auf über 700 km^2 42 Wanderungen unterschiedlicher Schwierigkeitsgrade ausgewiesen (Seite 95)

★ *Die Highlights sind in der Karte auf dem hinteren Umschlag eingetragen*

Entdecken Sie Tirol!

Tirol ist ein Land der Klischees, die geknackt werden wollen

»Und wann geht's hinauf?« Wundern Sie sich nicht, wenn Ihnen bei Ihrer Ankunft in Tirol kurz nach der Begrüßung diese Frage gestellt wird. Noch weniger sollten Sie sich wundern, wenn Sie Tage später gefragt werden: »Waren Sie schon oben?« Hinter beiden Fragen steckt nichts weniger als der verständliche Stolz der Tiroler auf den Reiz und die Schönheit der Tiroler Bergwelt; die Pracht der majestätischen Bergzüge, der kolossalen Gebirgsstöcke und der zuweilen dramatischen Taleinschnitte. Dabei liegt den Tirolern nichts mehr am Herzen, als Sie an dieser Schönheit teilhaben zu lassen, nicht zuletzt auch deshalb, um von Ihnen dafür eine weitere Bestätigung zu bekommen. Und keine Bange, wenn von »hinauf« oder von »oben« die Rede ist, ist selten ein Gipfel der Dreitausender gemeint, vielmehr genügt es, wenn Sie jene Stellen auf Kuppen oder Hügeln erklimmen, die eine möglichst weite Sicht über das Land bieten, um die Eindrücke im oben beschriebenen Sinne attestieren zu können.

Wie sehr Tirol ein Land der Berge ist, zeigt ein Blick in die Statistik. Von den insgesamt 12 650 km² Landesfläche können nur 12 % genutzt werden. Die übrige Fläche teilt sich in hochalpine oder bewaldete Gebiete und Gletscher auf. Kein Wunder, dass Tirol seit dem Mittelalter den Beinamen »Land im Gebirge« trägt. Sei es auf dem Scheitel eines Passes wie Arlberg, Brenner, Gerlos- oder Scharnitzpass mit dem Blick nach unten, sei es in der Talsohle mit dem Blick nach oben – die die Landschaft dominierenden Berge sind immer im Visier. Dabei ist zweitrangig, ob diese nun zu den Stubaier- und Zillertaler Alpen, zur Samnaun- und Verwallgruppe im Süden oder zu den nördlich gelegenen Lechtaler Alpen, zum Karwendel- und Wettersteingebirge oder zu den Kitzbüheler Alpen gehören, nicht zu vergessen die Osttirol prägenden Spitzen der Lienzer Dolomiten und der Venedigergruppe.

Schloss Weißenstein thront auf einer Felskuppe hoch über Matrei in Osttirol

Bequemes Leben auf der Alm

Mit dem oberen und unteren Inntal, von den Einheimischen

Geschichtstabelle

Ab 50 n. Chr. Kaiser Claudius lässt römische Reichstraßen als Alpentransversalen schaffen, die über Reschen, Landeck und Fernpass sowie über Brenner, Matrei, Zirl, Seefeld und Scharnitz führen

550 Bajuwaren dringen in das Inntal ein. Bis 1027 gehört Tirol zum Herzogtum Baiern

Ab 1271 Meinhard II. gelingt es, ein geschlossenes territorialstaatliches Gebilde zu schaffen

1363 Margarethe Maultasch übergibt das Land an Rudolf von Österreich

1420 Innsbruck wird Residenzstadt

1490 Kaiser Maximilian I., »der letzte Ritter«, kauft das Land von seinem Vorgänger, Erzherzog Sigmund der Münzreiche, erweitert es und schafft Bestimmungen, die teilweise bis 1918 Geltung haben

1809 Nach anfänglichen Siegen unterliegen die Tiroler schließlich der bairisch-französischen Übermacht, und das Land wird zwischen Italien, Frankreich und Baiern aufgeteilt

1814 Tirol kommt zu Österreich; der Wiener Zentralismus setzt sich durch

1849 Tirol wird Kronland der österreichischen Monarchie und Innsbruck löst Meran als Landeshauptstadt ab

1867 Eröffnung der Brennerbahn

1884 Eröffnung der Arlbergbahn

1919 Im Frieden von St. Germain wird Südtirol Italien zugesprochen und die Dreiteilung des Landes besiegelt

1938 Osttirol wird dem Land Kärnten zugeschlagen, und der Reichsgau Tirol-Vorarlberg entsteht

1945–55 Französische Besatzung in Nordtirol, britische Besatzung in Osttirol

1964 und **1976** Olympische Winterspiele in Innsbruck und Umgebung

1967–78 Felbertauernstraße, Brennerautobahn und Arlberg-Straßentunnel werden fertig gestellt

1970 Erste gemeinsame Sitzung der Landtage von Innsbruck und Bozen (Südtirol)

1999 Abschaffung des Proporzes bei der Regierungsbildung im Tiroler Landtag zu Gunsten des Mehrheitssystems

2002 In Innsbruck wird erstmals eine Frau in das Amt des Bürgermeisters gewählt und zieht in das neu eröffnete Rathaus

Der Riesensaal in der Innsbrucker Hofburg ist im Rokokostil gehalten

Ober- bzw. Unterland genannt, die von der Landeshauptstadt Innsbruck voneinander getrennt werden, sind zwei der vier markanten Regionen Tirols genannt. Während das Außerfern, der politische Bezirk Reutte, vom gesamttirolerischen Standpunkt aus stark vom angrenzenden Schwaben beeinflusst ist, wird Osttirol oft als Teil Kärntens wahrgenommen. Ein Umstand, der auch in der Abtrennung Südtirols nach dem Ersten Weltkrieg begründet liegt, ging damit doch die gemeinsame Grenze zu Nordtirol verloren.

»Bist du ein Tiroler, bist du ein Mensch«

Trotz aller landschaftlichen Schönheit und der großen Geschichte des Landes ist es keinesfalls immer leicht, ein Tiroler zu sein. Um Land und Leute besser zu verstehen, hilft ein Blick auf drei historische Eckdaten: Der Grundstock für das spezifische Tiroler Selbstbewusstsein, das in der Aussage gipfelt »Bist du ein Tiroler, bist du ein Mensch«, mag in der für Jahrhunderte geltenden Verpflichtung der Tiroler liegen, sich um ihre Verteidigung selbst zu kümmern; im Gegenzug dafür brauchten sie sich an keinen Kämpfen außer Landes zu beteiligen. Festgelegt wurde dies im so genannten Landlibell – heute würden wir Verteidigungsdoktrin sagen –, 1511 von Kaiser Maximilian I. erlassen. Um diese Zeit schlug auch die Geburtsstunde der Tiroler Schützen, die unter ihrem Anführer Andreas Hofer mehrmals den französischen und bairischen Truppen widerstanden, ehe sie 1809 in der vierten Bergisel-Schlacht verheerend geschlagen wurden. Zu dieser Schmach, die letztlich auch zur Hinrichtung Andreas Hofers durch die Franzosen führte, kam gut 100 Jahre später eine zweite, die im Frieden von Saint Germain 1919 beschlossene Abtrennung Südtirols von Nordtirol, was lange Zeit zu einem frostigen Klima im Verhältnis zu Italien führte. Wie es aussieht, scheint diese Phase jetzt überwunden zu sein, zumindest stehen die Zeichen durch die vielen gemeinsamen Aktivitäten von Süd- und Nordtirol dafür günstig; auch der Beitritt Österreichs zur Europäischen Union hat diesen Prozess der Annäherung vorangetrieben. Eines ist aber sicher: Stehen Sie am Timmelsjoch, am Ende des Ötztales an der Grenze zwischen Italien und Österreich, ist der Blick nach Norden wie nach Süden gleichermaßen atemberaubend.

Tirol ist nach Niederösterreich und der Steiermark mit 675 000 Einwohnern das drittgrößte Bundesland und umfasst etwa 13 Prozent der Gesamtfläche Österreichs. In dieses Land kommen jährlich, im Winter mehr als im Sommer, über 7 Millionen Gäste.

»Im Wettstreit mit der Natur den Kick erleben«

Die aufregende Tiroler Natur ist nicht nur zum Bestaunen und Bewundern da, sie hilft auch zu entspannen, wenn etwa beim Wandern durch die grünen Täler die sauerstoffreiche Luft dem Organismus ordentlich einheizt. Sich von der Natur herausfordern zu lassen und sich mit ihr zu messen – das schien früher nur den Bergsteigern und Kletterern vorbehalten zu sein. Heute heißt das Motto »Zurück zur Natur«, in dessen Zuge sich das Spektrum der Outdoor-Möglichkeiten erweitert hat. Ob Sie sich auf den waghalsigen Abstieg in eine Klamm machen, im Wettstreit mit tosenden Wasserfällen mutig in den Abgrund springen oder paddelnd den Kampf mit Schnellen und Schlünden im Wildwasser aufnehmen, der Kick ist bei solchen Aktivitäten jedenfalls garantiert. Das Angebot der Erlebnissportarten ist weiter im Wachsen, und die Teil-

Anton aus Tirol

DJ Ötzi ist aus dem Popgeschehen nicht mehr wegzudenken

An dem Song »Anton aus Tirol« haben sich viele Interpreten versucht. Was ihnen nicht gelang, hat DJ Ötzi im Handumdrehen geschafft. Er war es, der den Song binnen kürzester Zeit auf Topplätze in den österreichischen und deutschen Charts brachte. Seit Falco wurde kein Österreicher mehr so rasch populär wie DJ Ötzi alias Gerry Friedle. Auch mit dem zweiten Hit »Hey Baby« erreichte er weltweit Spitzenverkäufe und in England schaffte er als erster österreichischer Künstler Platin. Der gelernte Koch mit schwieriger Kindheit, 1971 in Oetz geboren, arbeitete als DJ, ehe er auf seine unnachahmliche Weise die Herzen des Publikums im Sturm eroberte.

Auf Heumanderln gepackt wird Gras zum Trockenfutter

nahme bedeutet so lange keine Gefährdung, solange Sie auf die Anweisungen der erfahrenen Guides hören und sich nicht selbst überschätzen.

Tirol ist ein Land, das neben den sportlichen auch mit einer Fülle an unterhaltsamen und kulturell interessanten Angeboten aufwartet. Das »heilige Land«, wie Tirol oft apostrophiert wird, verfügt über eine beispiellose Dichte an Kirchen – von der prächtig ausgestatteten Stiftsbasilika bis zur einsam gelegenen Bergkapelle. Auch die jahrhundertelange Tradition der zahlreichen Passionsspiele – die in Erl und Thiersee finden heute noch statt – und die vielen Wallfahrten zeigen die ungebrochene Kraft des Glaubens, der weit in das Alltagsleben der Bewohner hinein verwurzelt ist. Mit den Tiroler Festspielen in Erl, mit den Innsbrucker Tanzwochen, dem Festival der Alten Musik und vielen anderen Kulturveranstaltungen wird eindrucksvoll bewiesen, dass das Kulturverständnis erheblich gewachsen ist und sich vom engen Begriff des traditionellen Brauchtums längst emanzipiert hat. Was nicht heißen soll, dass eine Widderprozession im Virgental nicht um ein Vielfaches mehr zu beeindrucken vermag als eine noch so pointierte Theateraufführung.

»*Kultur bedeutet nicht nur traditionelles Brauchtum*«

Wer nach Tirol kommt, ist immer wieder aufs Höchste erstaunt, wie Dörfer, zuweilen auch ganze Täler, in ihren lange gewachsenen Strukturen den Anforderungen des Massentourismus standgehalten haben. Von der anheimelnden Architektur der schweren Holzhäuser, der hübsch gefärbten und bemalten städtischen Bürgerhäuser, der Vielzahl an Klöstern und Kirchen überzeugen Sie sich am besten selbst.

Große Köpfe, sture Schädel

Wenn es um die Heimat geht, kennen die Tiroler kein Pardon

Brenner
Jahr für Jahr folgen Millionen von Urlaubern der Sehnsucht nach dem Süden, nach Sonne und nach dem Land, in dem die Zitronen blühen. Dass ausgerechnet der Brennerpass an der heutigen Grenze zwischen Österreich und Italien zum kollapsverdächtigen Nadelöhr wurde, kam nicht von ungefähr, ist er doch mit 1374 m der niedrigste Alpenübergang. Was sich 1867 mit der Eröffnung der Brennerbahn gemächlich zu entwickeln begann, hat sich längst zu einem scheinbar unentwirrbaren Strudel entgegengesetzter Interessen entwickelt. 2004 fuhren ca. 14 Mio. Fahrzeuge über den Pass. Die Verkehrsplaner haben diesem Umstand Rechnung getragen und auf der Inntal- und Brennerautobahn mit der Aufstellung der österreichweiten Informationsbrücken begonnen. Seit 2005 werden den Fahrern Geschwindigkeitsbeschränkungen, Überholverbote, Regelung der Zuflüsse und Einfahrhilfen sowie Nebelwarnungen elektronisch mitgeteilt, um den Verkehrsfluss besser zu lenken.

Kunstvolle Verzierungen schmücken das Treppenhaus des Prälaturtrakts des Zisterzienserstifts Zams

Forum Alpbach
Jedes Jahr in der zweiten Augusthälfte treffen sich die Eliten aus Politik, Wissenschaft, Kultur und Medien zum europäischen Forum Alpbach, um über die brennenden Themen aus Gegenwart und Zukunft zu beraten. Der aus großbürgerlichen Verhältnissen stammende Otto Molden, dessen Mutter, Paula Preradovic, die Textdichterin der Österreichischen Bundeshymne ist, gründete gemeinsam mit Simon Moser das Forum im Sommer 1945. Das kleine Bergdorf mit den prächtigen jahrhundertealten Holzbauten, die noch aus der Zeit des Silberbergbaus stammen, hat sich an die vielen Nobelpreisträger und sonstigen geistigen Kapazitäten längst gewöhnt, ohne aus dem Tritt zu kommen.

Geierwally
Eine junge Frau widersetzt sich dem tyrannischen Vater und einer arrangierten Hochzeit. Sie flieht in die Berge und ein junger Geier wird ihr zum Gefährten. Hintergrund der Geschichte ist eine wahre Begebenheit aus dem Leben der Anna Stainer Knittel, die von Wilhelmine von Hillern in dem 1876 erschienenen Roman »Die Geierwally« erst-

mals beschrieben wurde. 1892 hatte Alfredo Catalani mit der von ihm komponierten Oper »La Wally« großen Erfolg, 1940 spielte Heidemarie Hatheyer die Wally unter Hans Steinhoffs Regie und landete damit den größten Erfolg ihrer Karriere. 2005 kam eine neue Interpretation des Stoffes mit Christine Neubauer und Siegfried Rauch ins Fernsehen. Felix Mitterers Theaterstück kommt jährlich in Elbigenalp, dem Heimatort der Stainer Knittel, auf die Bühne.

Andreas Hofer

Der 1767 in St. Leonhard im Passeiertal (Südtirol) geborene Freiheitsheld wurde wie sein Vater Wirt, Vieh-, Getreide- und Weinhändler und galt schon bald als das, was man in Tirol einen »Kraftlackel« nennt. Die politische Karriere begann, als er mit 22 Jahren in den Tiroler Landtag kam. Von den anfänglichen Siegen über Franzosen und Baiern beflügelt, weigerte er sich, die im Frieden von Schönbrunn festgelegten Entscheidungen, wonach Tirol an Bayern bzw. Italien und Frankreich abzutreten war, anzuerkennen. Unter seiner Führung geriet die vierte Bergisel-Schlacht zu einer blutigen Niederlage der Tiroler Kämpfer. Das wirkliche Schicksal Andreas Hofers lag in seinem rückwärts gewandten Verständnis von Heimat, Treue und Ehre, was letztlich auch zu seiner Hinrichtung durch die Franzosen im Februar 1810 führte.

Jodeln

Kaum zu glauben, aber Eskimos, Indianer, die Ureinwohner Chiles und Argentiniens sowie die Einwohner Tirols teilen sich eine besondere Fähigkeit in der Artikulation von Tönen: das Jodeln. Ob es nun stimmt oder nicht, behauptet wird es jedenfalls, dass der Ursprung dieser Form des Singens in Tirol liege. Die sprichwörtliche Inbrunst, mit der hierzulande gejodelt wird, überzeugt auch den letzten Skeptiker. Rein technisch gesehen, besteht der Jodler aus Tönen gebrochener Dreiklänge und wechselt ständig zwischen Brust- und Kopfstimme, was insbesondere bei korpulenten Männern zuweilen befremdlich klingen mag.

Maximilian I.

Der Kaiser (1459–1519) gilt als Begründer der Großmachtstellung Habsburgs. Sein Leben bot Stoff für Legenden in Hülle und Fülle. Einer der Gründe dafür war sein lockeres Verhältnis zum Geld, es zerrann ihm zwischen den Fingern. So hatte er die Mitgift seiner zweiten Frau schon vor der Eheschließung verjubelt. Zudem verstrickte er sich immer wieder in private Affären, und über die Zahl der unehelichen Kinder kann nur spekuliert werden. Andererseits war er, der Renaissance entsprechend, ein Universalmensch, der den Künsten wie dem Jagen und Kriegeführen gleichermaßen zugetan war und ein Faible für Ritterturniere hatte; so wird er auch der »letzte Ritter« genannt.

Ötzi

Durch puren Zufall wurde im Herbst 1991 im Gletschereis am Tilsenjoch (Ötztaler Alpen) auf 3200 m die konservierte und trocken mumifizierte Leiche eines 45- bis 53-jährigen Mannes entdeckt. Ötzis rekonstruierbare Kleidung aus Fellen, vor allem aber der Fellkö-

Maximilian I. ist auf einem der Reliefs des Goldenen Dachl verewigt

cher mit Pfeilen und ein holzgeschäftetes Kupferbeil lassen einen Hirten oder Bauern aus der Jungsteinzeit erkennen, hieß es. Im Streit um die Zuständigkeit einigte man sich darauf, ihn an der Innsbrucker Universität in internationaler Zusammenarbeit zu untersuchen und ihn danach im Bozener Archäologiemuseum »auszustellen«.

Religion

Die Tiroler Bevölkerung ist nach wie vor tief im Katholizismus verwurzelt, wenn auch die Zeiten vorbei sind, als noch von einem annähernd 99-prozentigen Anteil an Katholiken ausgegangen werden konnte. Volkskultur und Brauchtum sind eng mit der katholischen Kirche verbunden. Der Anteil der Protestanten ist mit etwa 2 Prozent dagegen verschwindend gering. Die Gründe hierfür liegen in der massiven Protestantenvertreibung in der Zeit zwischen 1684 und 1686. Selbst 1837 wurden noch einmal 427 Zillertaler Protestanten ausgewiesen. Dieses drastische Vorgehen inspirierte später den 1867 in Axams bei Innsbruck geborenen Arzt und Dramatiker Karl Schönherr zu dem Drama »Glaube und Heimat« mit dem Untertitel »Die Tragödie eines Volkes«. Die Passionsspiele in Erl und Thiersee, die auf Bitt- und Dankgelübde zurückgehen, haben allen Zeitentwicklungen getrotzt und werden alle sechs bzw. fünf Jahre unter großer Anteilnahme der Bevölkerung aufgeführt. Wie maßgeblich auch der religiös geprägte Antisemitismus in Tirol war, zeigen neben den Grausamkeiten der Reichspogromnacht in Innsbruck vor allem die trotz kirchlichen Verbotes fortdauernde Verehrung des »Anderl vom Rinn«. Der Legende nach sollen jüdische Kaufleute das christliche Kind Andreas

Oxner ermordet haben, um durch sein Blut Christus zu schmähen.

Schriftsteller und Dichter

Ernest Hemingway reiste nach der Sommerfrische wieder nach Paris zurück, und auch der aus Rumänien gebürtige Tristan Tzara blieb nicht lange genug, um als Dadaist und Surrealist die Literatur in Tirol nachhaltig beeinflussen zu können. So ist der wahrscheinlich meistgelesene Tiroler Autor Sebastian Rieger. Er wurde 1867 im Osttiroler Defereggental geboren und starb 1953 in Hall. Der streng konservative Priester war Herausgeber des »Tiroler Volksboten« und des immer noch existierenden Reimmichlkalenders sowie Verfasser von über 200 Erzählungen und Romanen. Felix Mitterer, 1948 in Achenkirch geboren, steht seit dem Theaterstück »Kein Platz für Idioten« in der Tradition eines der Aufklärung verpflichteten kritischen österreichischen Volkstheaters. Mit dem TV-Vierteiler »Die Piefkesaga«, Anfang der 1990er-Jahre von NDR und ORF gemeinsam produziert, wurde er, der heute in Irland lebt, auch einem größeren Fernsehpublikum bekannt. Mit dem meist in Hamburg lebenden Norbert Gstrein, mit dem jungen Klaus Händl, dem Verseschmied Raoul Schrott, mit Walter Klier und Stefanie Holzer sind die wichtigsten Vertreter der jüngeren und mittleren Generation genannt. Hans Haid, 1938 im Ötztal geboren und auf einem Bergbauernhof im Ventertal lebend, schreibt Dialektstücke, Hörspiele sowie Romane und hat sich als scharfer Kritiker des Massentourismus und des damit einhergehenden Verlustes an bäuerlichen Traditionen und Überlieferungen einen Namen gemacht. Das Literatur- und Forschungsinstitut Brenner-Archiv in Innsbruck verwahrt und betreut Nachlässe und Sammlungen von Schriftstellern, Philosophen, Musikern und Künstlern. Namensgeber war die Literaturzeitschrift Brenner, begründet und herausgegeben vom Philosophen Ludwig von Ficker (1880–1967), dessen wichtigste literarische Entdeckung der in Salzburg geborene Georg Trakl war. Beide haben ihre letzte Ruhestätte auf dem Mühlauer Friedhof in Innsbruck gefunden.

Schützen

Der farbenfrohe Auftritt eines Schützenzuges lässt eher an öffentlichkeitswirksame Brauchtumspflege als an gottesfürchtige, traditionsbewusste Heimatverteidiger denken. Das nach wie vor weit über alles Folkloristische hinausgehende Selbstverständnis der Tiroler Schützen beruht auf der aus 1511 datierten Verteidigungsordnung, dem so genannten »Landlibell«. Heute gibt es allein in Nord- und Osttirol über 230 Kompanien mit insgesamt knapp 15 000 Mitgliedern, wovon noch etwa 12 000 »ausrücken«, d.h. sie nehmen teil an Veranstaltungen wie dem sonntäglichen »Jagerschießen« und an Aufmärschen der »Paradeschützen« bei Prozessionen.

Max Weiler

Der vielfach ausgezeichnete und hoch geehrte Künstler (1910 bis 2001) war eine singuläre Persönlichkeit als Maler wie als Denker. Wie er selbst sagte, haben die Strömungen, die in gebirgigen Gegenden von China bis Tirol vorkom-

Brauchtumspflege spielt eine wichtige Rolle: Schützentreffen in Matrei

men, für sein Werk eine tiefe Bedeutung erlangt: »Die großen Schatten der Berge, der enge Himmel, die undurchsichtigen Wälder, die undurchsichtige Gegend.« Mit Glasmalereien und Fresken in zahlreichen Kirchen und an Gebäuden ist Weilers Kunst im öffentlichen Raum vor allem in Innsbruck, aber auch in Landeck, Imst, Matrei am Brenner, Lienz oder Mayrhofen sehr präsent, was nicht heißt, dass er es auch bei den Tirolern ist. Die Freskierung der Theresienkirche auf der Hungerburg bei Innsbruck zum 150-jährigen Jubiläum des Tiroler Herz-Jesu-Bundes, von den Landständen 1796 anlässlich der Bedrohung durch Napoleon geschlossen, musste Weiler abbrechen, um einer vom Vatikan verordneten Entfernung zuvorzukommen.

2004 erregte der Künstler ein weiteres Mal die Gemüter, als die Fresken aus 1954/55 in der Halle des neuen Innsbrucker Hauptbahnhofes wieder angebracht wurden. Die Kritiker meinen, dass die Fresken nicht zur neuen Architektur passen.

Zirbelkiefer

Eine alte Tiroler Wirtshausstube, die etwas auf sich hielt, war mit Zirbelkieferholz (auch Zirbenholz) getäfelt, und in den meisten Bauernhäusern gab es Möbel aus dem Holz der Arve, wie die Zirbelkiefer auch heißt. Der gute Ruf hatte seine Berechtigung. Pinosylvin heißt der Stoff, der dem Holz (lat.: pinus cembra) fast magische Kräfte verleiht, wie Wissenschaftler jüngst herausgefunden haben. Es garantiert mehr Erholung, beruhigt die Nerven, entlastet das Herz und vertreibt Motten. Wer in einem Bett aus Zirbelkieferholz schläft, dessen Herz erspart sich pro Nacht 3500 Schläge, alles in allem eine Stunde.

ZUM WILDEN
GASTHAUS
MANN
GASTHOF Wilder Mann
Kom. Rat P. Schöpf. Fam. Schatz

Ob Schlutzkrapfen oder Paunzen

Tirols Küche ist auf gutem Weg, sich mit neuem Bewusstsein aufs Bodenständige zu besinnen

Die Tiroler Gröstl und Speckknödel zählen zu den unverzichtbaren Gerichten der bodenständigen österreichischen Küche; so ist ihr Platz auch auf den Speisekarten außerhalb Tirols gesichert. Eine andere Besonderheit der Tiroler Küche sind die in vielen regionalen Variationen gefüllten Schlutzkrapfen, die die Konkurrenz mit den italienischen Ravioli keineswegs zu scheuen brauchen.

Ein alter Spruch bringt treffend auf den Punkt, was die Tiroler Küche prägt: »Knödel, Nudel, Nocken, Plenten, die vier Tiroler Elementen«. Mit Plenten ist Polenta (Maisgrieß) gemeint, der aber eher auf Südtiroler Speisezetteln zu finden ist. Zubereitet auf vielfältige Art und Weise werden diese Gerichte angeboten, deftige Nudelspeisen wie Schlutzkrapfen mit unterschiedlichen Füllungen oder Nocken, Paunzen und Nigelen, was sich am ehesten mit Hefeteigtaschen übersetzen lässt. Das Tiroler Gröstl, Kartoffelschmarrn mit Zwiebeln und Rindfleisch, das längst auch in die gutbürgerliche Küche Eingang gefunden hat, ist das Ergebnis erfindungsreicher und sparsamer Haushaltsführung, war es doch ursprünglich nichts anderes als Resteverwertung. Begrenzte Anbauflächen und ungünstige Witterungsbedingungen erschwerten die Herstellung der Grundnahrungsmittel. Um entsprechend zuzukaufen, fehlten meist die finanziellen Mittel. Auf der anderen Seite war es aber notwendig, deftige, kalorienreiche Speisen auf den Tisch zu bringen, um genügend Kraftreserven für die schwere körperliche Arbeit zu haben.

Der »Wilde Mann« in Innsbruck ist eines der traditionsreichen Gasthäuser in Tirol

Tradition ist auch in den Tiroler Wirtshäusern und Restaurants Trumpf, wobei darunter nicht nur das Festhalten an den deftigen Speisen der Hausmannskost zu verstehen ist, sondern auch der Umstand, dass sich Gerichte wie Husarenspieß oder Hawaiisteak mit Ananas länger als anderswo halten.

Der Gerechtigkeit wegen darf aber nicht verschwiegen werden, dass sich eine Schar jüngerer und engagierter Köche sehr ambitioniert um eine Küche bemüht, die sich auf der Höhe der Zeit befindet und eine Mischung aus Tradition und Moderne auf den Teller zu zaubern vermag. Dazu gehört insbesondere

Tiroler Spezialitäten

Lassen Sie sich diese Köstlichkeiten gut schmecken!

Apfelkiachl – in Backteig getauchte und in heißem Butterschmalz gebackene Apfelscheiben

Gamsknödel – Knödel mit klein geschnittenem Gamsfleisch in kräftiger Wild- oder Rindssuppe

Greane Hunte – Nockerl mit Spinat

Inntaler Graukasnocken – Nockerl mit Graukas, worunter ein eher magerer Bergkäse zu verstehen ist

Moosbeernocken – in Fett gebackene Süßspeise mit Moosbeeren (Heidelbeeren)

Pressknödel – Mischung aus Semmel- und Kartoffelteig mit Käse, wird gerne mit Essigsauce serviert

Schlutzkrapfen – Ravioli nach Tiroler Art mit Bergkäse und passierten Kartoffeln

Schöpsernes – Lammkeule mit Wurzelgemüse, Kräutern, Speck und Sauerrahm

Südtiroler Graupensuppe – klare Suppe mit gepökelter Schweinshaxe und Graupen (Gersten- oder Weizenkörner ohne Schale)

Tiroler Faschingskrapfen – Krapfen aus Hefeteig mit Grappa

Tiroler Gröstl – Kartoffelschmarrn mit Zwiebeln und blättrig geschnittenem Rindfleisch

Tiroler Krautsalat – gut gewürzter Salat aus Weißkraut mit knusprig angebratenen Speckwürfeln

Tiroler Leber – Kalbsleber mit gewürfeltem Speck und Zwiebel

Tiroler Speckknödel – Knödel mit fein gehacktem Selchfleisch (Räucherfleisch) in Rindssuppe

Topfenpaunzen in Süßrahm – Nocken aus Topfen(Quark)-teig in aufgekochtem Süßrahm

Weinsuppe – Rindssuppe mit trockenem Weißwein (Weißburgunder), Schlagsahne und Eiern

Zelten – weihnachtliches Früchtebrot mit Dörrbirnen, Feigen, Haselnüssen, Rosinen, Zitronat, Orangeat, Koriander, Anis, Zimt und Kümmel

Ziehkiachln – in heißem Fett gebackene Taschen aus Germ(Hefe)-teig mit Kompott

der Mut, auf importierte Edelprodukte zu verzichten und regionalen Produkten in kreativer Veredelung den Vorzug zu geben. Neben dem Hotel-Restaurant *Trofana Royal* in *Ischgl*, wo Martin Sieberer seit einigen Jahren herausragende Küche anbietet, ist mit den Restaurants *Rosengarten* in *Kirchberg*, *Neuwirt* und *Schwedenkapelle* in *Kitzbühel*, dem *Schindlhaus* in *Söll* und dem Hotel-Restaurant *Hohenfels* in *Tannheim* erfreuliche Verstärkung in Sachen Kochkunst dazugekommen. Besondere Aufmerksamkeit verdient Alexander Fankhauser mit seiner sehr ambitionierten Küche mit Bodenhaftung im *Alexander* im Zillertaler *Hochfügen*.

Alles andere, was in den allermeisten Tiroler Gasthäusern auf der Speisekarte steht, zählt zur österreichischen, um genau zu sein, zur so genannten Wiener Küche. Dazu gehört die obligate Rindssuppe mit Einlagen ebenso wie Wiener Schnitzel oder Tafelspitz, und als Nachtisch stehen meist Apfelstrudel oder gefüllte Palatschinken auf den Speisekarten.

Die geografische Lage Tirols bringt es mit sich, dass sich Besonderheiten der angrenzenden Regionen auch in der Küche niederschlagen. Auf dem Speisezettel im Außerfern werden deshalb häufiger Maultaschen zu finden sein als im unteren Inntal. Neben Kartoffeln sind Zwiebeln das am häufigsten verwendete Gemüse. Schnittlauch wird als wichtiger Vitaminspender gern hinzugefügt. Eine Außerferner Spezialität ist die Brez'nsuppe mit geschmälzten Zwiebeln. Im Unterinntal sind dagegen Pressknödel das Gericht für jeden Tag, fast schon feudal, denn hierzu werden sogar Eier und Topfen (Quark) verwendet, und schließlich werden die Knödel mit Rindssuppe aufgegossen. Bei der Zubereitung der Schlutzkrapfen dagegen gibt es kaum Unterschiede zwischen den Regionen Tirols, allerdings werden sie mal mit Fleisch, mal mit Pilzen oder Kräutern und Quark gefüllt.

Mit dem Wegfall Südtirols ist den Nord- und Osttirolern auch das eigene Weinanbaugebiet abhanden gekommen. Südtiroler Weine, deren Qualität sich zusehends steigert, finden sich denn auch kaum auf den Weinkarten wieder. Wer in den Restaurants und Gasthäusern mittlerer Preiskategorie den entsprechenden Tropfen sucht, ob rot oder weiß, ob national oder international, wird die eine oder andere Enttäuschung hinnehmen müssen. Vielleicht liegt das auch daran, dass in Tirol ohnedies lieber Bier getrunken wird. Jedenfalls weist die Statistik einen Pro-Kopf-Verbrauch von knapp 170 l aus, womit Tirol neben Salzburg im innerösterreichischen Vergleich zu den absoluten Spitzenreitern im Biertrinken zählt. Allerdings zählen beide Bundesländer auch zu den Spitzenreitern im Tourismus.

Noch etwas verraten uns die Statistiker: Der Branntweinkonsum in Österreich hat sich in den vergangenen Jahrzehnten halbiert. Aber das hier so gern getrunkene »Schnapsl« ist doch ganz etwas anderes, werden Tiroler sofort einwenden. Das ist sowohl Weltanschauung wie Medizin, denn ein guter Schnaps erhellt den Blick auf die Welt und fördert in jedem Fall die Verdauung. Und wer will es schon wagen, sich solch einem Argument zu verschließen?

Zwischen Strass und Schurwolle

Wenn man genau hinschaut, kann man wirkliche Schnäppchen und Schmankerl erwerben

Wo Brauchtumspflege auf einen ausgeprägten Geschäftssinn stößt, ist auch das Angebot für Urlaubseinkäufe entsprechend bunt.

Vor allem Freunde der Trachtenkleidung finden eine große Auswahl an hübschen Dirndln und Stoffen, die maßgeschneiderte Krachlederne für den Herrn nicht zu vergessen. Unverwüstlich ist auch der Walkjanker, in mehreren Farben erhältlich und mit fast allem anderen kombinierbar. Wer Naturschafwolle auch im Haushalt mag, findet vor allem in der Gegend um *Längenfeld* eine große Auswahl an Wolldecken, Kissen, Socken und Handschuhen.

In Osttirol und im Außerfern, wo das Schnitzhandwerk auch heute noch ausgeübt wird – in *Elbigenalp* gibt es eine Schnitzschule, die Sommerkurse anbietet, lassen sich durchaus noch Bildschnitzer alten Schlages finden, die ihrem Handwerk nachgehen, wie es seit Jahrhunderten von Generation zu Generation weitergegeben wurde.

Funkelndes Kristall jeder Art gibt es in Wattens im Stammhaus des Kristallerzeugers *Swarovski* sowie in den Shops in Innsbruck. Hier ist alles zu haben, was das Herz begehrt: von Hochkarätigem über Modeschmuck aus Strass, ob dezent oder schrill, bis zu Tierfiguren aus Bleikristall.

Glas ganz anderer Art wird in der Kufsteiner *Glasmanufaktur Riedel* erzeugt und verkauft. Es handelt sich um jene Gläser, die in nur wenigen Jahrzehnten einen Siegeszug um die Welt angetreten haben und die Trinkkultur sozusagen revolutioniert haben. Schlicht, formschön und in einem ausdifferenzierten Sortiment für die verschiedenen Rebsorten im Angebot – wer kann da widerstehen?

Eine eher handfeste Tiroler Spezialität ist der »Nordtiroler«, ein deftiger Speck aus Pians, zu dem unbedingt das eine oder andere Stamperl eines Selbstgebrannten gehört. Schnäpse, vom Obstler bis zum Vogelbeerenen (Früchte der Eberesche), gibt es in unterschiedlicher Qualität und zu entsprechenden Preisen. Das Angebot auf Bauernmärkten oder direkt bei den Höfen wird auch von Jahr zu Jahr breiter. Der feine Ziegenkäse aus Nassereith etwa lässt das Wasser im Mund zusammenlaufen.

Gläserne Blumen welken nicht: Die Glasbläserei hat eine lange Tradition in Tirol

Feste, Events und mehr

Brauchtum wird groß geschrieben, und gefeiert wird gern

Offizielle Feiertage

1. Januar *Neujahrstag;* **6. Januar** *Fest der Hl. Drei Könige;* **März/ April** *Ostermontag ;* **1. Mai** *Tag der Arbeit;* **Mai/Juni** *Christi Himmelfahrt, Pfingstmontag, Fronleichnam;* **15. August** *Mariä Himmelfahrt;* **26. Oktober** *Nationalfeiertag;* **1. November** *Allerheiligen;* **8. Dezember** *Mariä Empfängnis;* **25./26. Dezember** *Weihnachten*

Zum Gauderfest in Tracht

Feste und Veranstaltungen

Januar

Am Neujahrstag *Fackellauf* in Aurach und Oberndorf
Pferderennen in Mayrhofen/ Zillertal
Zu Dreikönig ziehen verkleidete Erwachsene und Kinder als *Pinggalperchten* durch Mayrhofen/ Zillertal und wünschen ein gutes neues Jahr.
★ *Hahnenkammrennen* in Kitzbühel

Februar

Am Faschingswochenende steht in Tirol vieles Kopf. Es beginnt mit der *Weiberfasnacht* in Tux, dem *Schellenschlagen* in Lans und dem ★ *Musikantenfasching* in Ischgl. Der Höhepunkt ist am Faschingssonntag, wo in vielen Tiroler Orten nach alten Bräuchen der Winter ausgetrieben und der Frühling eingeläutet wird. Daran dürfen grundsätzlich nur Männer teilnehmen.
Der Imster *Schemenlauf* findet alle 4 Jahre statt und ist als ein Spiel von Schatten, Geistern und Dämonen zu verstehen.
Beim *Schleicherlaufen* in Telfs (alle 4 Jahre) führen die Burschen mit schwerem Kopfputz eigens choreografierte Tanzschritte vor.

Das *Mullerlaufen* in Thaur findet alle 3 bis 5 Jahre statt, wobei mit Holz- und Stoffresten verkleidete Männer den Zuschauern mitunter kräftige Schläge verpassen.
Beim *Wampelerreiten* in Axams (alle 4 Jahre) ist es Brauch, einen starken Bauernburschen, der in prall ausgestopften Frauenkleidern steckt, mit genau festgelegten Handgriffen auf den Boden zu zwingen.

März/April
Am 1. Fastensonntag *Funkenbrennen* in Pinswang/Außerfern. Es zeigt das Ende der Fasnacht an; Feuer gilt als Symbol der Reinigung.
Am 12. März *Grasausläuten* im Unterinntal, wobei Kinder mit geschmückten Kuhglocken den Frühling herbeischellen.

Mai/Juni
Am 1. Sonntag im Mai
★ *Gauderfest* in Zell am Ziller, uriges Volksfest, wo u. a. auch geranggelt (eine Art Ringkampf) wird. Historischer Rummel.
Pfingstlauf in Going
Um den 21. Juni *Sonnwend-, Johannes-* oder *Herz-Jesu-Feuer* u. a. in Going, Söll und Kirchdorf.
Insider Tipp *Tanzsommer Innsbruck*, mittlerweile Österreichs größtes Tanzfestival (Ende Juni–Mitte Juli)

Juli/August
Ambraser Schlosskonzerte
Burgspiele in Kufstein
Tiroler Festspiele Erl (Mitte Juli bis Anfang August)
Innsbrucker Festwochen Alter Musik (Mitte bis Ende August)
Bergfestspiele in Seefeld

September
Matthiasmarkt in Matrei (Osttirols größter Jahrmarkt)
Klangspuren: Festival für zeitgenössische Musik in Schwaz
Insider Tipp *Bergfilmfest* in St. Anton am Arlberg (2. Septemberwoche)

November
1./2. Nov. *Krapfenschnappen* in Osttirol (Matrei, Patriasdorf, Dölsach), wobei Burschen von Haus zu Haus ziehen, die auf einer hölzernen Stange einen Tierkopf (Schnapper) tragen
Sonntag nach dem 6. Nov. *Leonhardiritt* in Kundl

Dezember
Am 5. bzw. 6. Dez. *Krampusrummel* (Krampus = teuflisch verkleideter Begleiter des Nikolaus) in vielen Orten
Anklöpfeln und Krippenspiele
26. Dez. *Stefani-Pferdeschlittenrennen* in St. Johann

Wampeler, bereit zum Raufen

DOM
B. MARIÆ V.
SS. MM.
LAVRENTIO
STEPHANO
SACRVM

Rund um das Goldene Dachl

Eine Stadt mit Renaissancecharme vor mächtiger Bergkulisse

Karte in der hinteren Umschlagklappe

Wer sich in Innsbruck (575 m) verliebt, der muss die Berge mögen. Wie ewige Wächter stehen Patscherkofel und Nordkette nah und mächtig am Rande der Stadt. Das Karwendelgebirge im Norden sowie die Stubaier und Tuxer Alpen im Süden scheinen die Wächter bei ihrer Arbeit zu unterstützen. Die höchste Erhebung der Stadt ist mit 2641 m die westliche Praxmarerkarspitze.

So mächtig und gebieterisch wie die Berge von den Straßen und Plätzen aus wahrzunehmen sind, so frei und weitläufig wird der Blick von oben, fährt man zum Beispiel mit der Nordkettenbahn an einem Schönwettertag auf das Hafelekar. Selbst vom Stadtteil Hungerburg aus, mit der Zahnradbahn zu erreichen, erschließt sich Betrachtern das grandiose Panorama dieser einzigartigen Berg- und Stadtlandschaft.

Der Stadt am Inn wurde um 1200 das Stadtrecht verliehen, und unter Kaiser Maximilian I. erreichte sie ihre große Blütezeit, an die heute noch viele Gebäude wie das Goldene Dachl, das Wahrzeichen Innsbrucks, erinnern. 1849 löste Innsbruck Meran als offizielle Tiroler Landeshauptstadt ab. Heute leben hier etwa 113 000 Menschen.

Die Basilika des Stifts Wilten ist im Rokokostil gehalten

Plattners Denkmal »Vater und Sohn«

Neben den alten Gassen und Laubengängen prägen vor allem die Fassaden der alten Bürgerhäuser, deren Freskenreichtum oft anschaulicher ist als so manches Geschichtsbuch, das Gesicht der Stadt.

Die kulturelle Szene kommt im Sommer so richtig zum Blühen, wenn im Juni und Juli Tanzstars aus aller Welt beim Innsbrucker Tanzsommer auftreten und während der Festwochen die Musik der alten Meister aufs Schönste zum Klingen gebracht wird.

Imposant: das auf einem Felsen erbaute Schloss Ambras

SEHENSWERTES

Schloss Ambras **[111 E5]**
★ Das Renaissanceschloss wurde vom Tiroler Landesfürsten Erzherzog Ferdinand II. (1529–95) auf einem exponierten Felsen am Innsbrucker Stadtrand erbaut. Als Fundament dienten die Reste einer mittelalterlichen Burganlage. Zu den Prunkstücken des Schlosses zählen der als Festsaal errichtete 43 m lange Spanische Saal und die im Hochschloss etablierte Habsburger Porträtgalerie mit etwa 200 Bildnissen von Künstlern wie Cranach, Tizian, van Dyck und Velásquez sowie der um 1516 entstandene Georgsaltar, ausgestellt im Erdgeschoss. Neben den Kunst-, Wunder- und Rüstkammern ist eine Dauerausstellung Philippine Welser, Ferdinands erster Frau, gewidmet. *Schlossstr. 20, April–Okt., Dez. bis März tgl. 10–17 Uhr, Eintritt April–Okt. 8 Euro, Dez.–März 4,50, da Porträtgalerie geschl.*

Annasäule **[U C4]**
Die 13 m hohe, von einer Marienstatue gekrönte Annasäule gehört, mit dem Karwendelgebirge im Hintergrund, zum typischen Stadtpanorama. Sie wurde 1703 als Dank für den glücklich überstandenen Angriff der bayerischen Truppen, den so genannten »bayerischen Rummel« gestiftet. Den Sockel zieren vier hochbarocke Heiligenfiguren: Neben der hl. Anna der frühere Landespatron St. Georg und die beiden Diözesanpatrone Kassian und Vigilius. *Maria-Theresien-Str.*

Bergisel-Stadion **[111 E5]**
Das für die Olympischen Winterspiele 1964 und 1976 erbaute und von der britischen Stararchitektin Zaha Hadid umgebaute Stadion mit der großen Sprungschanze ist ein Ort, an dem sich die Geschichte der Stadt mit der Geschichte des Sports verbindet. *Tgl. 9–17 Uhr, Eintritt 7,90 Euro*

Domkirche St. Jakob **[U C3]**
★ Anstelle einer alten gotischen Kathedrale, die 1689 durch ein Erdbeben völlig zerstört wurde und abgetragen werden musste, entstand dieser barocke Prunkbau der Füssener Baumeister Herkomer und Fischer. Sehenswert sind vor allem das Mariahilf-Gnadenbild von Lu-

kas Cranach d. Ä., die Kanzel von Nikolaus Moll, das prunkvolle Renaissancegrabmal Erzherzog Maximilians des Deutschmeisters, Deckenfresko und Stuckaturen der Gebrüder Asam. *Domplatz*

Goldenes Dachl **[U C3]**

★ Der zweigeschossige Erker, mit 3000 feuervergoldeten Kupferschindeln gedeckt, wurde anlässlich der Hochzeit Kaiser Maximilians I. mit Bianca Maria Sforza aus Mailand 1494–96 erbaut und 1500 vollendet. Bemerkenswert sind vor allem die kunstvollen Reliefs und Fresken. Die Aussicht aus dem Prunkerker sollten Sie sich nicht entgehen lassen. *Herzog-Friedrich-Str. 15, nur in Kombination mit dem Maximilianeum zu besichtigen*

Hofburg **[U C3]**

★ Maria Theresia (1717–80) ließ die gotische Burganlage am Rennweg umbauen. Prunkräume und Kaiserapartments sowie das Chinesen- und Audienzzimmer ähneln den Räumen im Wiener Schloss Schönbrunn. Mittelpunkt der Anlage ist der im Stil des Rokoko gehaltene Riesensaal mit Deckenfresken von Franz Anton Maulbertsch (1724–96), einem der berühmtesten Maler der Epoche. Hier hat er die durch die Ehe zwischen Maria Theresia und Franz von Lothringen vollzogene Vereinigung der Häuser Habsburg und Lothringen zu einer allegorischen Apotheose verklärt.

Der idyllische Hofgarten mit altem Baumbestand und ausladenden Blumenrabatten lädt zu schönen Spaziergängen ein. Im ehemaligen kaiserlichen Teepavillon kann man im Sommer Schlosskonzerten lauschen. *Rennweg 1, tgl. 9–17 Uhr, Eintritt 5,45 Euro. Der Hofgarten ist bis zum Einbruch der Dunkelheit geöffnet.*

MARCO POLO Highlights »Innsbruck«

★ **Hofkirche**
Pompöses, aber leeres Grabmal für Kaiser Maximilian I. (Seite 30)

★ **Goldenes Dachl**
Ein mit Kupferschindeln gedeckter Erker ist das Wahrzeichen Innsbrucks (Seite 29)

★ **Domkirche St. Jakob**
Barockbau mit Gnadenbild »Mariahilf« von Lukas Cranach d. Ä. (Seite 28)

★ **Landesmuseum Ferdinandeum**
Eine der schönsten Gemäldegalerien Österreichs (Seite 31)

★ **Schloss Ambras**
Renaissanceschloss mit Kunst- und Wunderkammern (Seite 28)

★ **Hofburg**
Wo Kaiserin Maria fast so schön wie in Schönbrunn logierte (Seite 29)

Vom Stadtturm hat man Berge und Stadt im Blick

Hofkirche **[U C3]**

★ Sie zählt zu den bemerkenswertesten Innsbrucker Bauwerken. Kaiser Maximilian I. ließ sich nach eigenen Plänen ein monumentales Grabmal errichten, in dem er schließlich doch nicht begraben wurde. Er gab 40 überlebensgroße Statuen seiner Ahnen sowie 100 Statuetten habsburgischer Heiliger und über 30 Büsten antiker Kaiser bei Künstlern wie Albrecht Dürer (1471–1528) und Peter Vischer (1460–1529) in Auftrag. Nicht zuletzt wegen der frei werdenden giftigen Dämpfe hatten die Gießer selbst nach über 40 Jahren nur einen Teil des Auftrags erledigt. Immerhin wurden 28 der Erzstatuen – im Volksmund »schwarze Mander« (= Männer) genannt – ausgeführt, unter ihnen Leopold der Heilige, Johanna die Wahnsinnige und – nach Dürers Entwürfen – König Artus von England. Die Tatsache, dass Andreas Hofer hier seine letzte Ruhestätte gefunden hat, verleiht dem Monumentalgrab eine lokalpatriotische Schattierung.

Mit der Hofkirche verbunden ist die *Silberne Kapelle*, die Erzherzog Ferdinand II. für sich und Philippine Welser errichten ließ. *Universitätsstr. 2, die Hofkirche ist zu Gottesdienstzeiten geöffnet, sonst Mo–Sa 9–17, Juli/Aug. 9–17.30 Uhr, Eintritt 3 Euro*

Jesuitenkirche **[U C3]**

Auf dem Areal der 1699 von den Jesuiten gegründeten Universität, heute befindet sich dort die theologische Fakultät, steht die frühbarocke Jesuitenkirche. In der Krypta liegt die Fürstengruft von Erzherzog Leopold V. und Claudia von Medici und deren Kinder. *Universitätsstr., tgl., Eintritt frei*

Katzunghaus **[U C3]**

Mit vielen Erkern geschmücktes Haus, auf denen Reliefs Turnier-,

Tanz- und Musikantenszenen zeigen. *Herzog-Friedrich-Str. 16*

Stadtturm **[U C3]**

Ein Besuch des 57 m hohen Stadtturms aus der Renaissancezeit neben dem Alten Rathaus empfiehlt sich vor allem wegen des Panoramas. *Herzog-Friedrich-Str. 21, tgl. 10–17 Uhr, Eintritt 2,50 Euro*

Stift Wilten **[U C–D6]**

Wer südlich an Innsbruck vorbeifährt, dem fallen am Fuß des Bergisels zwei besonders schöne Sakralbauten ins Auge: das Prämonstratenserstift Wilten und die Basilika Unsere Liebe Frau unter den vier Säulen. Bemerkenswert am frühbarocken Bau der Stiftskirche sind die beiden Kolossalstatuen der sagenhaften Riesen Haymon und Thyrsus, die den Eingang flankieren. Im Inneren ist eine 4 m hohe Holzstatue des Riesen Haymon aus der Zeit um 1500 zu sehen. Die der Stiftskirche gegenüberliegende Wiltener Basilika ist der Pracht des Rokokos verpflichtet und besticht vor allem durch die hellen, beschwingten Fresken Matthäus Günthers (1705 bis 1788). *Stift: Klostergasse 7, Juli–Sept. Führungen: Tel. 0512/58 30 48. Die Basilika ist ab Juni 2005 für vier Jahre wegen Renovierung geschlossen, www.stift-wilten.at*

MUSEEN

Alpenvereinsmuseum **[U C4]**

Einige der wertvollen Bestände des im Zweiten Weltkrieg zerstörten Münchner Alpenmuseums konnten gerettet werden und bilden die Grundlage der gegenständlichen Sammlung. Dokumentiert wird die allmähliche Erschließung der jahrhundertelang so bedrohlichen und abweisenden Alpenregion durch den Menschen. Das kostbarste Stück des Museums ist ein von Kaiser Maximilian um 1500 in Auftrag gegebenes Relief des Wettersteins – das älteste Bergrelief der Welt. Außerdem: eine Dokumentation der Geschichte des alpinen Skilaufs. *Wilhelm-Greil-Str. 15, Mo, Di, Do und Fr 10–17, Mi 12–19 Uhr, Mai–Okt. auch Sa 10–13 Uhr, Eintritt 2,20 Euro, Mitglieder alpiner Vereine 1,45 Euro, www.alpenverein.at*

Glockenmuseum **[U C5]** Insider Tipp

Hier wird die Arbeit in einer Glockengießerei und deren Geschichte gezeigt, während im Klangraum akustische Abenteuer zu erleben sind. *Leopoldstr. 53, Mo–Sa 9–17 Uhr, Eintritt 3,50 Euro*

Hungerburgbahn-Museum **[U D1]**

Wer die Tiroler Seele tiefer ausloten will, der findet in der Talstation der Hungerburgbahn eine faszinierende Seelenlandschaft vor. Auf dem »Innsbrucker Riesenrundgemälde« wurde die siegreich geschlagene dritte Bergiselschlacht auf 1000 m² Leinwand vom Defregger-Schüler Zeno Diem so plastisch festgehalten, dass man beinahe glaubt, mitten ins Waffengetümmel gefallen zu sein. *Rennweg/Mühlauer Brücke, April bis Okt. tgl. 9–17, Nov.–März Di und Fr 10–12 Uhr*

Landesmuseum Ferdinandeum **[U C3]**

★ Das nach seinem Gründer Erzherzog Ferdinand Karl benannte Museum wurde 1823 etabliert und bietet einen enzyklopädischen

Überblick dessen, was Kunst und Kultur des Landes Tirol ausmachen. Sammlungen aus Ur- und Frühgeschichte sowie aus der Römerzeit werden durch bedeutende Gemäldegalerien mit Werken von Cranach, Baldung, Rembrandt, Brueghel, Troger bis Defregger bereichert. In den Sammlungen des 19. und 20. Jhs. lassen vor allem die Namen Egger-Lienz, Schiele, Klimt, Kokoschka, Wotruba und Boeckl aufhorchen. *Museumstr. 15, Juni–Sept. tgl. 10–18, Okt.–Mai Di–So 10–18 Uhr, Eintritt 4,40 Euro*

Maximilianeum **[U C3]**
Die im Goldenen Dachl untergebrachte Schatzkammer Kaiser Maximilians zeigt Originalwerke aus der Plattnerei, Porträt-, Medaillen- und Goldschmiedekunst und dokumentiert auch filmisch die Bedeutung Maximilians für Europa. *Herzog-Friedrich-Str. 15, Mai–Sept. tgl. 10–18, Okt.–April Di–So 10–17 Uhr, Eintritt 4 Euro (schließt den Eintritt für den Besuch des Prunkerkers mit ein)*

Tiroler Volkskunstmuseum **[U C3]**
Im Gebäude des ehemaligen Franziskanerklosters, das sich an Hofburg und Hofkirche unmittelbar anschließt, befindet sich eine in Europa einzigartige volkskundliche Sammlung. Zu sehen ist Tiroler Volkskunst aus fünf Jahrhunderten von der Krippenausstellung über Originalstuben aus Einschichthöfen bis zu bäuerlichen Gerätschaften, Fasnachtsfiguren, Trachten und Bauernmöbeln. Keine fade Vitrinenschau, sondern äußerst lebendige und nachvollziehbare Geschichte. *Universitätsstr. 2, Mo–Sa 9–17, So und feiertags 10–17 Uhr, Eintritt 4,30 Euro*

Zeughaus (Tiroler Landeskundliches Museum) **[U D–E3]**
Im Waffenarsenal Kaiser Maximilians sind heute die naturkundlichen und kulturgeschichtlichen Ergänzungen zu den Kunstwerken des Ferdinandeums untergebracht. Neben den »angestammten« Zeugbüchern gibt es außerdem eine kartografische Abteilung, eine Dokumentation der Eisenindustrie, ei-

Herzenssache

Eine heimliche Herzogin als Autorin eines Koch- und Arzneibuches

Philippine Welser (1527–80), eine Augsburger Patriziertochter und heimliche Gattin Erzherzog Ferdinands II., war eine außergewöhnliche Frau. 30 Jahre musste ihre Ehe auf kaiserliches Geheiß geheim gehalten werden. Sie hinterließ eines der wenigen Kochbücher aus dem Mittelalter, dessen Rezepte wie z. B. Grafenhorster Hechtklößchen in gelber Würzsoße nach wie vor gekocht werden. Auch Hausmittel und Kräutertinkturen sind darin notiert. Begraben wurde Philippine auf Wunsch ihres Mannes in der Silbernen Kapelle in einem Grab aus weißem Marmor.

In Innsbruck gibt es viele gemütliche Cafés, die zu einer Pause einladen

ne Sammlung historischer Uhren, eine Fahrzeugsammlung vom Pferdeschlitten bis zur Dampflokomotive, eine Instrumentensammlung und eine Ausstellung zum Thema der Tiroler Landesverteidigung. *Zeughausgasse, Sept.–Juni Fr–Mi 10–17, Do 10–17 und 19–21 Uhr, Juli/Aug. Fr–Mi 10–17.30, Do 10 bis 17.30 und 19–21 Uhr, Eintritt 5 Euro*

ESSEN & TRINKEN

Café Central **[U C4]**
»Echtes« Wiener Kaffeehaus mit allem, was dazugehört, vom Marmortischchen über den Zeitungstisch bis zum selbstverständlichen Glas Wasser, von den Kaffeespezialitäten und Mehlspeisen gar nicht zu reden. *Tgl., Gilmstr. 5*

Insider Tipp
Dengg **[U C3]**
In unmittelbarer Nähe zum Goldenen Dachl gelegenes und wohltuend sachlich eingerichtetes Restaurant mit durchweg leichter, moderner Küche. *Tgl. (außer feiertags), Riesengasse 13, Tel. 0512/58 23 47, €€€*

Goldener Adler **[U C3]**
In der kunsthistorischen Sehenswürdigkeit lässt sich's sehr angenehm, wenn auch nicht unbedingt preiswert dinieren. Küchenstil: Internationales mit Tiroler Touch. *Tgl., Herzog-Friedrich-Str. 6, Tel. 0512/58 63 34, €€*

Kapeller **[U F5]**
Am Stadtrand und im Schatten von Schloss Ambras gelegenes Hotelrestaurant mit vortrefflicher Küche nach deftiger Tiroler Art und feiner Weinkarte. *So und feiertags geschl., Philippine-Welser-Str. 96, Tel. 0512/34 31 06, €€–€€€*

Insider Tipp
Café Lichtblick **[U C4]**
Das trendig gestaltete Café im 7. Stock des neuen Rathauses überzeugt in mehrfacher Hinsicht. Tolle

Das Helbighaus in der Herzog-Friedrich-Straße, eine der Einkaufsstraßen von Innsbruck

Sicht auf Bergisel-Schanze und Alpenpanorama, angenehme Atmosphäre und leichte Küche. *So geschl., Maria-Theresien-Str. 18*

Philippine **[U C4]**
Vegetarische Vollwertküche für den alltäglichen Anspruch sowie Fischspezialitäten. *Feiertags, Sa und So ab 18 Uhr geschl., Templstr. 2, Eingang Müllerstr., Tel. 0512/58 91 57, €€*

Planötzenhof **[U A2]**
Nach einem Spaziergang (das Restaurant ist vom Stadtzentrum aus in etwa einer Dreiviertelstunde zu erreichen) zu diesem beliebten Lokal lässt sich's auf der Veranda bei preiswerter Hausmannskost und fulminanter Sicht gut verweilen. *Mo und Do geschl., Planötzenhofstr. 30, Tel. 0512/27 40 17, €*

Café Sacher **[U C4]**
Sacherchefin und Societylady Elisabeth Gürtler hat vor wenigen Jahren auch in Innsbruck einen Ableger des Wiener Traditionshauses eröffnet. *Tgl., Rennweg 1*

Tiroler Stuben **[U B4]**
Eine der besten Adressen Innsbrucks, um in noblem Rahmen gediegen zu essen. Die Küche ist zum einen französisch, zum anderen auf Tiroler Schmankerl wie Schlutzkrapfen ausgerichtet. Erstklassige Fischspezialitäten. *So geschl., Innrain 13, Tel. 0512/57 79 31, €€€*

EINKAUFEN

Bauernmarkt **[U B3]**
Direkt am Inn liegt die Markthalle, wo von Mo bis Sa von 8 bis 12.30 Uhr auf dem Bauernmarkt heimische Produkte angeboten werden.

Souvenir Edelweiß **[U C3]**
Ob Sie ein Mitbringsel für Freunde oder für sich selbst suchen, das Angebot hier reicht von Schmuck und alten Uhren über Musikdosen, Bierkrüge zu hübschen Textilien. *Herzog-Friedrich-Str. 32*

Swarovski **[U C3]**
Hier können Sie Strass und Kristall in großer Auswahl sehen und kau-

fen. *Herzog-Friedrich-Str. 39, Tel. 0512/57 31 00*

Tiroler Heimatwerk [U C4]
Gilt als erste Adresse für Trachten und Dekorstoffe. *Meraner Str. 2–4, Tel. 0512/58 23 20*

ÜBERNACHTEN

Insider Tipp **Binders** [U E4]
In dem renovierten Haus aus den 50er-Jahren, das mit viel Liebe zum Detail eingerichtet ist, fühlt man sich schnell wohl. Zentrale Lage, zur Gartenseite hin ist es aber ruhig, eine Tiefgarage ist vorhanden. *51 Zi, Dr. Glatz-Str. 20, Tel. 0512/334 36, Fax 334 36 99, www.binders.at,* €€

Central [U C4]
Der mit viel Sorgfalt renovierte Altbau in der Erlerstraße mit einem gelungenen Neubau in der Gilmstraße ist der Prototyp des kleinen, feinen Stadthotels mit coolem Touch. *85 Zi., Gilmstr. 5, Tel. 0512/59 20, Fax 58 03 10, www.central.co.at,* €€€

Kranebitten [O]
Landgasthof mit imposanter Aussicht auf das Karwendelgebirge und 25 netten Zimmern. *Kranebitter Allee 203, Tel. 0512/28 19 58, Fax 28 82 49,* €€

Prantner [O]
Am Stadtrand gelegene Frühstückspension mit Garten und Sonnenterrasse. *18 Zi., Schützenstr. 34, Tel. 0512/26 21 02, Fax 262 10 23, www.cpp.co.at,* €

Schwarzer Adler [U D3]
Romantischer alter Gasthof aus dem 16. Jh. mitten in der Altstadt. *39 Zi., Kaiserjägerstr. 2, Tel. 0512/58 71 09, Fax 56 16 97, www.deradler.com,* €€–€€€

Weißes Rößl [U C3]
In einem der typischen Innsbrucker Altstadthäuser – es wurde 1410 urkundlich zum ersten Mal erwähnt – lässt es sich auch heute noch mitten im Zentrum und dennoch für Innsbrucker Verhältnisse relativ preisgünstig in Zimmern wohnen, deren historische Substanz auch nach dem Umbau zumindest noch zu ahnen ist. *14 Zi., Kiebachgasse 8, Tel. 0512/58 30 57, Fax 583 05 75, www.tiscover.at/roessl,* €€

AM ABEND

Hofgartencafé [U C3]
Direkt im Hofgarten liegt der In-Treff der Stadt mit zahlreichen Veranstaltungen: Poolparty, Oktoberfest, Konzerte. *Rennweg 6 a, Tel. 0512/58 88 71*

Jolly [U C4]
Wer sich unter studentischem Publikum und bei vielen Biersorten unterhalten mag, ist in der Cafébar bestens aufgehoben. *Müllerstr. 21*

Theresienbräu [U C4]
In Innsbrucks erstem Brauwirtshaus sind nicht nur hausgebraute Biere zur Tiroler Hausmannskost, sondern ab 22 Uhr auch Partys mit Musik aus den 80er-Jahren angesagt. *Maria-Theresien-Str. 51–53, Tel. 0512/58 75 80,* €€

Tiroler Landestheater [U C3]
Das Drei-Sparten-Haus bietet von September bis Juni durchgehendes Programm. Unter der Intendanz von

Brigitte Fassbänder, der ehemaligen großen Mezzo-Sopranistin, wird das Haus konsequent für zeitgenössische Stücke geöffnet. Neue Schwerpunkte werden mit speziellen Angeboten für Kinder und Jugendliche gesetzt. *Rennweg 2, Tel. 0512/520 74, www.landestheater.at*

Toskana **[U C4]**
Mit über 20 Jahren fast schon eine Innsbrucker Tradition ist das mit viel Liebe zum Detail ausgestattete und sehr persönlich geführte Altstadtlokal vis à vis dem neuen Rathaus. Hausgemachte Tiroler und Südtiroler Küche und an die 100 verschiedene Whiskys sowie eine Terrasse mit 60 Sitzplätzen. *Adolf-Pichler-Platz 10, tgl. ab 18 Uhr*

Insider Tipp **Treibhaus** **[U C3]**
Im Innsbrucker Szenezentrum trifft sich alles, was neugierig auf Jazz, Kleinkunst, Theater, Literatur und generell auf Menschen ist. *Angerzellgasse 8 (am Volksgarten), Tel. 0512/57 20 00, Kaffeehaus bis 1 Uhr nachts geöffnet, www.treibhaus.at*

AUSKUNFT

Innsbruck Tourismus **[U C3]**
Burggraben 3, Tel. 0512/598 50, Fax 59 85 07, www.innsbruck-info.com

ZIELE IN DER UMGEBUNG

Alpenzoo **[U C1]**
Höchstgelegener (700 m) Tiergarten Europas, landschaftlich reizvoll in einer Parklandschaft um die Weiherburg 2 km vom Stadtzentrum an einem Südhang der Nordkette gelegen. In den nach Themen geordneten Gehegen leben über 150 Tierarten wie Wildkatzen, Luchse und Steinböcke. *Weiherburggasse 37, tgl. 9–18, im Winter bis 17 Uhr, www.alpenzoo.at, Eintritt 5,80 Euro*

Hafelekar **[111 E5]**
Der Aussichtsberg (2334 m) mit einem grandiosen Alpenpanorama gen Süden mit Blick auf die Zillertaler, Stubaier und Ötztaler Alpen ist mit der Nordkettenbahn (Talstation Hungerburg) zu erreichen. Das Hafelekar ist Ausgangspunkt für einen Panorama-Klettersteig über sieben Gipfel zum Frau-Hitt-Sattel. Der gesicherte Steig kann zwar von jedermann begangen werden, Trittsicherheit und Schwindelfreiheit sind aber Voraussetzung. Im Panoramarestaurant Seegrube (1900 m) bei der Zwischenstation ist das Essen nicht immer so ausgezeichnet wie die Sicht. Jeden Freitag ab 18 Uhr Abendfahrt und feine à la carte-Küche. Insider Tipp Interessantes Ambiente aus den 20er-Jahren. *Dez.–Okt. tgl., Tel. 0512/29 33 75, €€*

Igls **[111 E6]**
Die Sonnenterrasse Innsbrucks liegt nur 6 km entfernt auf einem Plateau (900 m). Vom Klima begünstigt, bietet dieser bezaubernde Ort mit seinem dörflichen Charme alles, was des Sportlers Herz begehrt. Im Sommer locken Wanderwege, Tennishalle und -plätze und zwei Golfplätze, während im Winter Skipisten, Loipen, Rodelbahnen, die Olympia-Bobbahn oder eine Fahrt mit dem Pferdeschlitten winterliche Freuden garantieren.

Am besten erreichen Sie den Luftkurort mit der *Igler Bahn*. Die halbstündige Fahrt beginnt am Bahnhof Wilten und führt am Schloss Ambras sowie am Lanser See vorbei. *Info: Tourismusbüro, Hilberstr. 15, Tel. 0512/37 71 01*

Lans **[111 E6]**
Eines der idyllischen Dörfer in nächster Umgebung (7 km) liegt auf einem Sonnenbalkon südlich von Innsbruck mit hübschem See, prächtigen Bauernhäusern und einem 9-Loch-Golfplatz. In der kleinen *Barockkirche* mit gotischem Kern wird gerne geheiratet. Der *Lanserhof (50 Zi., Kochholzweg 153, Tel. 0512/38 66 60, Fax 37 82 82, www.lanserhof.at, €€€)* zählt zu den feinsten und elegantesten Adressen unter den Gesundheitshotels Österreichs mit umfangreichem Angebot an westlicher und fernöstlicher Medizin. Das traditionsreichste Restaurant im Raum Innsbruck ist der *Wilde Mann (So und Mo mittags geschl., Römerstr. 12, Tel. 0512/37 73 87, €€)* mit ausgezeichneter Tiroler Küche. Für Verdauungsspaziergänge bietet sich die bezaubernde Landschaft im Lanser Mittelgebirge an.

Patscherkofel **[111 F6]**
Der Hausberg der Innsbrucker wurde einst durch die Olympiaabfahrten weltberühmt. Dass er sich auch als Ausflugsziel für Wanderer lohnt, ist weniger bekannt. 5 Minuten von der Bergstation entfernt liegt ein botanischer *Alpengarten.* Am Nordabhang befindet sich die *Marienwallfahrtskirche Heiligwasser*, ein kunsthistorisches Juwel, das auf eine alte Legende zurückgeht. Sie erreichen es am besten, wenn Sie von Igls aus mit der Patscherkofel-Seilbahn bis zur Mittelstation fahren, von dort dauert der Fußweg 15 Minuten.

Neben den kunsthistorischen weiß der Patscherkofel auch mit naturhistorischen Raritäten aufzuwarten: Eine davon ist der *Zirbenweg*, der auf der Strecke von Innsbruck nach Hall hoch über dem Inntal durch den größten geschlossenen Zirbelkieferbestand der Ostalpen führt. Der als Lehrpfad angelegte Wanderweg ist über seine etwa 7 km bestens beschildert und verläuft nahezu steigungslos in ungefähr 2000 m Höhe, vorbei an Alpenrosen und Bergblumenwiesen. Insider Tipp

Theresienkirche **[111 E5]**
In der schlichten, 1932 geweihten Wallfahrtskirche, auf dem Plateau der Hungerburg gelegen, ist mit den von Max Weiler 1945–47 geschaffenen Fresken eines von Österreichs bedeutendsten und ungewöhnlichsten Kirchenkunstwerke des 20. Jhs. zu bestaunen. *Tgl. 8–20 Uhr, Eintritt frei; mit der Straßenbahnline 1 und der Hungerburgbahn dauert die Fahrt ca. 30 Min.* Insider Tipp

Zirl **[111 D5]**
Der Ort, 17 km von Innsbruck entfernt, ist bekannt wegen seiner Krippentradition. Die *Fastenkrippe*, eine der wertvollsten der zahlreichen heute noch erhaltenen Krippen, ist in der Pfarrkirche ausgestellt.

Ein besonderes Kuriosum stellt der *Zirler Weingarten* dar, die einzige Weinanbaufläche in Nord- und Osttirol. Ein traditionsreiches Restaurant mit einheimischer Stammklientel ist der *Goldene Löwe. Tgl., Kirchstr. 2, Tel. 05238/ 523 30, €€*

Zwischen Arlberg und Karwendel

Das Obere Inntal gilt aufgrund seiner klimatischen Besonderheit als »Sonnenmeile von Tirol«

Am Reschenpass (1504 m), der seit der Abtrennung Südtirols zu einem Grenzpass zu Italien geworden ist, liegt die Ortschaft Nauders. Hier, wo auch der Inn von der Schweiz nach Österreich fließt, beginnt das obere Inntal, zumindest rein geografisch.

Der Oberlauf des Flusses mit den gewaltigen, nach Süden führenden Tälern ist der wärmere, klimatisch begünstigte Abschnitt des Inntales. Für gewöhnlich werden hier mehr Sonnentage gezählt als an seinem Unterlauf. Das Stanzertal, Paznauntal, Kaunertal, Pitztal, Sellrain und vor allem das Ötztal prägen mit ihren gewaltigen Kämmen die Gegend. Erstaunlich ist, dass sich diese Täler trotz der massiven Eingriffe durch den Tourismus in die Landschaft wie in das Leben ihrer Bewohner weitgehend in ihrer Ursprünglichkeit erhalten konnten.

IMST

[109 F6] Die verkehrsgünstig auf 830 m gelegene und klimatisch begünstigte Bezirkshauptstadt (8700 Ew.) hat sich zur Drehscheibe des Oberinntals entwickelt. Neben den hübschen Bürgerhäusern fallen die vielen mit volkskundlich interessanten Motiven verzierten Brunnen auf. Der lateinische Name der Stadt (oppidum umiste) leitet sich von den Quellen ab, die die Brunnen speisen.

»Stadel« prägen die Gegend zwischen Nassereith und Imst

Tiefschneefahrer am Arlberg

SEHENSWERTES

Rosengartenschlucht Insider Tipp

Wer die wildromantische Klamm betritt, die vom Ortsausgang auf kühn ins Gestein gehauenen Stegen bis zu einem dreistufigen Wasserfall führt, der bemerkt, dass einige Häuser in den senkrecht aufragenden Konglomeratfelsen des benachbarten Kalvarienbergs hineingebaut sind.

In Nassereith hat das Schellerlaufen Tradition

ESSEN & TRINKEN

Zur Post
Das Hotelrestaurant hat eine wunderschöne, holzüberdachte Terrasse, wo sich's mit Blick auf die Ötztaler Alpen fein dinieren lässt. *Tgl., Eduard-Wallnöfer-Platz 3, Tel. 05412/665 54, €€€*

EINKAUFEN

ISSBA-Alternativhandel hat sich auf Souvenirs aus Tiroler Bauernprodukten spezialisiert. *Schustergasse 21–23, Tel. 05412/649 44*

ÜBERNACHTEN

Neuner
In dem freundlich geführten Haus überzeugt vor allem das Preis-Leistungs-Verhältnis. *31 Zi., Brennbichl 81, Tel. 05412/633 32, Fax 63 33 24, www.tiscover.at/neuner.imst, €€*

FREIZEIT & SPORT

Alpine Coaster
Die Achterbahn führt mehr als 3,5 km abwärts, wobei Wellen, Steilkurven und Jumps immer wieder für Adrenalinschübe sorgen. Von Hoch-Imst fährt eine Doppelsesselbahn zum Start. *Mitte Dez.–März tgl. 11–16, Aug.–Okt. tgl. 10–17 Uhr, Achterbahn/Sesselbahn 9,30 Euro, www.alpine-coaster-imst.at*

AUSKUNFT

Tourismusverband Imst-Gurgltal
Johannesplatz 4, Tel. 05412/691 00, Fax 691 08, www.imst.at

ZIELE IN DER UMGEBUNG

Maskenmuseum Nassereith **[109 F5]**
In Nassereith (843 m, 2210 Ew.), 12 km von Imst entfernt auf dem

Weg zum Fernpass, ist in einer alten Knappensiedlung ein Maskenmuseum eingerichtet. Im Mittelpunkt der Ausstellung steht das alle drei Jahre stattfindende Schellerlaufen. *Sachsengasse 81, nur gegen Voranmeldung unter Tel. 05265/ 54 80, Spende erwünscht*

Stams **[110 B5]**

★ Das hochbarocke Stift, 23,5 km von Imst entfernt, ist zweifellos die Perle unter Tirols Klöstern. Es wurde 1273 von Elisabeth von Bayern gegründet, die damit ihrem Sohn Konradin ein Denkmal setzen wollte; er wurde als 16-Jähriger als letzter Hohenstaufer von seinen Widersachern in Neapel hingerichtet. Bis ins 16. Jh. war die Abtei auch Begräbnisstätte der Tiroler Landesfürsten, u. a. liegen in der Fürstengruft Sigmund der Münzreiche und Bianca Maria Sforza, die ungeliebte zweite Frau Maximilians I. hier begraben. *Di/Mi, Fr–So 10–11.30 und 13.30–17 Uhr, Do 10–11.30 und 13.30–19 Uhr, Anmeldung Führungen (während der Sommermonate) Tel. 05263/62 42, www.stiftstams.at, Eintritt Kirche, Kreuzgang und Museum 7 Euro*

Trofana Tyrol **[109 E6]**

Das Erlebnisdorf in Mils, 9 km von Imst an der A 12 bietet auf 8000 m² eine kleine Tiroler Welt für sich mit viel Erlebnisgastronomie. Im Dorfladen werden Tiroler Spezialitäten wie Speck und Käse und hübsche Mitbringsel aus der Region angeboten. *Tgl., www.trofanatyrol.at*

LANDECK

[117 D2] Dort, wo sich die Sanna mit dem Inn vereinigt und die drei Verkehrsadern von Reschen-, Arlberg- und Fernpass zusammenfließen, hat sich rund um das in den steilen Osthang über der Stadt hineingebaute Schloss Landeck ein geschäftiger Hauptort des Oberinntals herausgebildet. Die 816 m hoch gelegene Stadtgemeinde (7900 Ew.) verfügt über einen bemerkenswerten Stadtkern. Besonders auffallend sind die opulenten Fassadenfresken der Bürgerhäuser.

MARCO POLO Highlights »Oberes Inntal«

★ **Stams**
Zisterzienserstift mit über 800-jähriger Geschichte (Seite 41)

★ **Silvretta-Hochalpenstraße**
Eine der ältesten und schönsten Bergstraßen der Ostalpen (Seite 44)

★ **Grins**
Weitgehend »naturbelassenes« Bergdorf (Seite 43)

★ **Stuibenfall**
Ötztaler Naturschauspiel (Seite 46)

★ **Erlebnisplattformen**
Plätze zum Staunen inmitten der Alpen (Seite 45)

MUSEUM

Schlossmuseum Landeck
In den mittelalterlichen Mauern hoch über der Innschlucht wurde vom Maler und Landschaftspfleger Norbert Strolz eine umfassende volkskundliche Sammlung über das Tiroler Oberland eingerichtet. Besonders sehenswert sind neben dem Prandtauerzimmer, einer nach Landeck transferierten Stube aus Ried, eine schwarze Rauchkuchl und eine aus dem Jahr 1600 stammende Schlafkammer aus Fiss. *Schlossweg 2, Juni–Sept. Di–So 10–17, Okt. 14–17 Uhr, Eintritt 3,70 Euro*

ESSEN & TRINKEN

Vorhofer
Gutbürgerlicher Gasthof mit freundlicher Bedienung. Auf der Speisekarte stehen hauptsächlich Tiroler Spezialitäten, die in ordentlichen Portionen auf den Tisch kommen. *So/Mo geschl., Maisengasse 10, Tel. 05442/624 76, €€*

Café Wiedmann
Ob Sie nun Stärkung oder Entspannung bei Kaffee und Kuchen suchen; im sonnigen Garten des Cafés schmecken die Konditoreispezialitäten noch einmal so gut. *Tgl., Malserstr. 27*

ÜBERNACHTEN

Greif
Typischer Tiroler Gasthof, etwas abseits von der Hauptstraße gelegen. Gut geeignet für Zwischenstopps. Motorrad- und Radfahrer sind hier besonders willkommen. *24 Zi., Marktplatz 6, Tel. 05442/622 68, Fax 62 26 84, €*

Schrofenstein
Familiengeführtes Haus im Zentrum. Von der Dachterrasse imposanter Blick auf drei Dreitausender. Im Hotelrestaurant wird vor allem regionale Küche serviert. *79 Zi., Malserstr. 31, Tel. 05442/623 95, Fax 649 54 55, €€*

EINKAUFEN

Felle und Leder von Tiroler Bergschafen bietet in großer Auswahl der Familienbetrieb Trenkwalder *(Leitenweg 10, Tel. 05442/663 07)*. Hochprozentiges von besonderer Qualität gibt es in der Feindestillerie JP zu kaufen, in der die preisgekrönten Schnäpse in mundgeblasenen Flaschen angeboten werden. *In Stanz, 4 km nordwestlich, Tel. 05442/612 00*

Insider Tipp

AUSKUNFT

Tourismusverband Tirol West
Malser Str. 16, Tel. 05442/656 00, Fax 656 00 15, www.tirolwest.at

ZIELE IN DER UMGEBUNG

Fiss **[117 E3]**
Fiss, 21 km von Landeck entfernt, ist ein begehrter Ort. Geologen sprechen vom »Engadiner Fenster« und meinen damit das landschaftlich reizvolle Plateau. Für Architekturfans sind die urigen Bauernhäuser aus dem 16. und 17. Jh. mit rätoromanischem Charakter fast ein Pilgerziel. Vor allem aber sind es die Sonnenanbeter, die bei 2000 Sonnenstunden pro Jahr voll auf ihre Kosten kommen. Ist das Wetter klar, ist der Blick auf das berauschende Panorama der Glockenturm- und Kaunergratgruppe frei.

Das gemütliche Familienhotel *Bergblick* bietet komfortable Zimmer, Sauna, Dampfbad und Solarium sowie eine bodenständige Küche. *28 Zi., Tel. 05476/636 40, Fax 63 64 22,* €€

Grins **[117 D2]**

★ Eines der ältesten Dörfer des Landes und wegen seiner Heilquelle, dessen Wasser aus einem Holzbrunnen frei verkostet werden darf, geschätzt und beliebt. Aufgrund des besonders günstigen Klimas war der am Eingang zum Stanzertal gelegene Ort (6 km von Landeck entfernt) bereits in vorrömischer Zeit besiedelt worden. Mehr als einen Abstecher ist auch der traumhaft gelegene *Höhenweg* zwischen Grins und Stanz wert.

Ischgl **[116 B3]**

Für viele ist Ischgl (1500 Ew.) das Synonym für Wintersport in Tirol. Der auf 1377 m gelegene Ort liegt 30 km südlich von Landeck und hat auch im Sommer seine Reize. Vor allem für Mountainbiker, wird hier doch jährlich der Ischgler Ironbike ausgetragen. Die 42 km lange Strecke weist einen Höhenunterschied von insgesamt 2500 m auf. Von den wenigen im Sommer geöffneten Hotels ist das Hotel *Tirol* im Ortszentrum bei der Talstation der Silvretta-Seilbahn sehr zu empfehlen. *53 Zi., Tel. 05444/52 16, Fax 521 66, www.tirol-ischgl.at,* €€

Lochbachfall bei Zams **[117 E1]**

Den besonders eindrucksvollen Wasserfall erreichen Sie, wenn Sie von Zams nach Lötz fahren (von Landeck aus sind es 4 km). Ein gut gesicherter Steig führt in wenigen Minuten zu den aus 20 m Höhe von einer nahezu senkrechten Felswand herabstürzenden Wassermassen. In Zams lädt der stattliche Gasthof *Kronburg Klosterpension*

Urige Bauernhäuser sind in Fiss zu sehen

unterhalb der Burgruine ein. *Tel. 05442/622 18, kein Fax, €–€€*

Insider Tipp

Serfaus **[117 E3]**

Der kleine Ort auf 1400 m liegt auf einer nach Süden ausgerichteten Hochterrasse. Wandern ist hier an sich schon ein Wellnesserlebnis. Die Gegend ist ideal zum Nordic Walken, Biken oder Ausreiten auf Haflingern. Im Winter ist das Dorf, 25 km von Landeck entfernt und mit einer »U-Bahn« ausgestattet, ein einziger Skispaß mit Skifox, Snowbike oder Snowsnaker. *Familienhotel Hubertus, 21 Zi., Platöll 10, Tel. 05476/62 43, Fax 62 43 45, www.hubertus-serfaus.com, €€*

Silvretta-Hochalpenstraße **[116 A4]**

★ Die 22,3 km lange Panoramastraße verbindet seit 1953 das Tiroler Paznauntal mit dem Vorarlberger Montafon und erschließt zudem eines der weitläufigsten Tiroler Skigebiete. An der Grenze der beiden Bundesländer liegt die Wasserscheide zwischen Nordsee und Schwarzem Meer. Vom Westufer des *Silvretta-Stausees* kann man sogar den Piz Buin sehen. Auf dem Weg von Landeck zur Hochalpenstraße können Sie in *See* (10 km) im alten Tiroler Gasthof *Zum weißen Lamm* landestypische Küche probieren *(Tel. 05441/82 90, €€)*.

OETZ UND DAS ÖTZTAL

[118 A–B1] Das mit 65 km längste Tiroler Bergtal (820–3008 m, 11 000 Ew.), benannt nach seinem Hauptort Oetz (2200 Ew.) steigt hinauf bis in die fast schon mondkraterartig anmutenden Gipfelregionen rund um Sölden, Obergurgl und das Timmelsjoch, wo die *Wildspitze* herüberwinkt, mit 3768 m Tirols höchster Berg. Das milde, an Südtirol erinnernde Klima hat dem Hauptort des Tals eine üppige Vegetation mit Pfirsich- und Kastanienbäumen und deshalb auch den schmückenden Beinamen »Meran des Nordens« beschert.

SEHENSWERTES

Freilichtpark Ötzi-Dorf

Einen höchst spannenden und lehrreichen Ausflug in die Jungsteinzeit bietet der 1999 entstandene Freilichtpark in Umhausen, wo das Alltagsleben einer Dorfgemeinschaft aus Ötzis Zeit gezeigt wird. Das prähistorische Museumsdorf vermittelt Jung und Alt wissenschaftlich fundierte Erkenntnisse über die Jungsteinzeit. *Mai–Okt. tgl. 9.30–17.30 Uhr, Eintritt 5,50, Infotel. 05255/500 22, www.oetzi-dorf.com*

Längenfeld

Mit rund 3100 Ew. ist der 17 km von Oetz entfernte Luftkurort an der Ötztaler Ache nicht nur der größte Ort, sondern er besitzt auch den höchsten Kirchturm (74 m) des Ötztals. Er krönt die gotische *Pfarrkirche St. Katharina*, die über eine berühmte Sonnenmonstranz und einen sehenswerten klassizistischen Hochaltar verfügt.

In der neu eröffneten Thermenanlage *Aqua Dome* kommt Gletscherwasser als 40° C warmes Natrium-Chlorid-Sulfat-Schwefel-Heilwasser aus der Erde. Mit der imposanten Architektur und dem umfassenden Wellness- und Gesundheits- Insider Tipp

Blick vom Ötztal auf den schneebedeckten Loibiskogl

angebot setzt die Anlage neue Maßstäbe. Besonders hip erscheinen die auf Stelzen thronenden Schalen der Außenbecken. *Tgl. 9–22 Uhr, Oberlängenfeld 140, 13 Euro (3 Std.), Tel. 05253/64 00, www.aqua-dome.at*

Ötztaler Heimat- und Freilichtmuseum

Rund um einen 300 Jahre alten Getreidespeicher, den so genannten »Othesar Kasten«, sowie eine alte Mühle wird das bäuerliche Leben von einst in zahlreichen Gehöften und Wirtschaftsgebäuden dokumentiert. *Juni–Sept. Mo–Fr 10–12 und 14–17, So 14–16 Uhr, Eintritt 3 Euro, 17 km von Oetz*

Piburger See

Wer wissen will, wie eine k. k. Sommerfrische vor 100 Jahren ausgesehen hat, erfährt es im alten Strandbad am Piburger See, etwa 100 m höher als die 4 km entfernte Ortschaft Oetz (913 m) gelegen, von der aus man den smaragdgrünen Bergsee auf einem beständig ansteigenden Fußweg erreichen kann. Der See ist wegen seines reichen Fischbestands auch als Anglerparadies bekannt *(Fischereikarten im Gemeindeamt Oetz).*

Sölden

Nahezu am Ende des Ötztals gelegen, ist der Ort gemeinsam mit Obergurgl und Vent die Drehscheibe schlechthin, wenn es ums Skifahren geht. Wer etwas Stille sucht, findet diese in der prächtigen spätgotischen *Pfarrkirche Mariä Heimsuchung,* deren Hochaltarbild von Anton Praxmarer und üppig vergoldete Marienstatue (um 1700) zur besinnlichen Einkehr animieren. Ins ehrfürchtige Staunen gerät auch, wer auf den ★ *Erlebnisplattformen* der drei Dreitausender steht und die Faszination der hochalpinen Welt auf sich wirken lässt: auf der stählernen Panoramaplattform Gaislachkogl (3058 m), dem Panoramafelssteig Tiefenbachkogl (3309 m) und der Naturplattform Schwarze Schneid (3370 m), die aus einer kreisrunden Holzplatte besteht, in deren Mitte eine Kraftpyramide gesetzt ist. *Über Seilbahnen erreichbar, www.soelden.com*

Zum Höfle ist ein uriges Wirtshaus mit origineller Wirtin *(tgl., Sölden 16, Tel. 05254/25 88, €€).* Das Gästehaus *Wolfgang* liegt sonnig und ruhig. *6 Zi., Pitze 460, Tel./Fax 05254/25 60, www.tiscover.at/gh.wolfgang, €€*

Stuibenfall **[118 B2]**

★ Hier handelt es sich um den höchsten Wasserfall Tirols (150 m) und um ein besonderes Naturschauspiel. Wenn die Gletscherbäche die zerklüfteten Felsen wie durch einen Zerstäuber verlassen und im Sonnenlicht floureszieren, entsteht das, was die Tiroler »Stuiben« nennen. Der Wasserfall ist auf einem dreiviertelstündigen Fußmarsch von Umhausen aus leicht zu erreichen. *10 km von Oetz*

MUSEUM

Insider Tipp **Turmmuseum Oetz**

Am Ortsausgang von Oetz liegt ein lang gezogener Stadel, in dem eine beachtliche Privatsammlung an Tiroler Volkskunst und -kultur untergebracht ist. *Schulweg 2, Di–Sa 15 bis 18, So 11–18 Uhr, Eintritt 4 Euro*

ESSEN & TRINKEN

Zum Stern

Alter Gasthof aus dem 16. Jh. mit üppigen bäuerlichen Fresken und geduckten alten Stuben, wo ausgezeichnete Tiroler Speckjause kredenzt wird. *Tgl. ab 14 Uhr, Kirchweg 6, Oetz, Tel. 05252/63 23, €*

ÜBERNACHTEN

Griesserhof

Mitten in Oetz liegt diese schöne Frühstückspension, in der hofeigene Produkte aus biologischem Anbau auf den Tisch kommen. *7 Zi., Hauptstr. 1, Tel. und Fax 05252/64 46, €*

AUSKUNFT

Tourismusverband Oetz

Hauptstr. 66, Tel. 05252/66 69, Fax 66 69 75, www.oetz.com

SEEFELD

[111 D4–5] Hier hat die Natur ihr Füllhorn großzügig ausgeschüttet. Umrahmt von Karwendel- und Wettersteingebirge präsentiert sich das Seefelder Plateau, das von Scharnitz bis Zirl reicht, auf 1200 m als ein besonderer Flecken Erde. Der sommers wie winters pulsierende Hauptort Seefeld mit 3100 Einwohnern ist eifrig um junges Publikum bemüht.

SEHENSWERTES

Karwendelbahn

Der Wandel vom verträumten Wallfahrtsort zum Touristenzentrum vollzog sich umso schneller, seit 1912 die Karwendelbahn eröffnet wurde, die erste normalspurige elektrische Gebirgsbahn der Donaumonarchie. Das Teilstück von Seefeld nach Innsbruck eröffnet ein

Romantische Umgebung für eine Hochzeit: Seekapelle bei Seefeld

prachtvolles Panorama und einen tiefen Blick in die Schlossbachklamm, die die Bahn auf einer 63 m hohen Brücke überquert.

Seefelder Kirchen

Das wertvollste spätgotische Portal Tirols besitzt die *Seefelder Pfarrkirche*. Es zeigt u. a. jenes »Hostienwunder«, das Seefeld im Mittelalter zum Wallfahrtsort machte. In der landschaftlich besonders schön gelegenen *Seekapelle* wird gerne geheiratet.

ESSEN & TRINKEN

Sailer

In dem in der Fußgängerzone gelegenen Restaurant mit großem Garten trifft sich Jung und Alt in sympathischer Atmosphäre zu bodenständiger Küche. *Tgl., Innsbrucker Str. 12, Tel. 05212/20 05,* **€€**

Insider Tipp **Triendlsäge**

Mitten im Wald gelegenes, gemütliches Gasthaus mit ländlichem Ambiente, in dem aus Überzeugung gut tirolerisch gekocht wird. Neben der geräumigen Terrasse bietet die Schausäge eine besondere Attraktion. *Ruhetag tel. erfragen 05212/ 25 80, Triendlsäge 259,* **€€– €€€**

ÜBERNACHTEN

Haymon

Familiär geführtes Haus mit großem Stammpublikum, wo nachmittags gratis Kuchen serviert wird. Am Rand der Fußgängerzone gelegen. *45 Zi., Kalkkögelweg 264, Tel. 05212/24 19, Fax 24 19 93, www.haymon.at,* **€€**

Landhaus Patrizia

Das etwas kleinere Haus liegt ein wenig außerhalb des Ortszentrums und daher sehr ruhig. Panoramasicht vom Balkon aus. Nichtraucherhaus. Gutes Preis-Leistungsverhältnis. *4 Zi. und 3 Apartments, Am Kirchwald 486, Tel. 05212/ 27 45, Fax 45 06, www.landhaus-patrizia.com,* **€– €€**

Quellenhof
Gediegenes Haus mit leicht unterkühlter Atmosphäre auf 1130 m in Leutasch (8 km von Seefeld). Hohe Kompetenz im Wellnessbereich und kalorienbewusste Küche. *84 Zi., Weidach 288, Tel. 05214/678 20, Fax 63 69, www.quellenhof.at, €€*

FREIZEIT & SPORT

Neben der von Donald Harradine gestalteten 18-Loch-Golfanlage *(Tel. 0512/300 33, www.seefeldgolf.com)* und dem Reitclub Seefeld *(Reitherspitzstr. 594, Tel. 05212/25 34)* sind es insbesondere die vielen Wanderwege im *Alpenpark Karwendel*, die die Landschaft und das Klima Seefelds so richtig genießen lassen.

AM ABEND

Britannia Inn
Klassisches Pub mit viel jungem Publikum. Dart und Billard. *Tgl. bis 4 Uhr, Olympiastr. 10*

Fun-Disko Jeep
Hier ist totale Action angesagt, entsprechend jung ist das Publikum. Top DJs legen Funk, Techno, Pop und Rock auf. *Tgl. bis 6 Uhr, Olympiastr. 10*

Wildfang
Insider Tipp
Modernes Design mit großstädtischem Flair: eine Bar auf die man in Seefeld lange gewartet hat. Gute DJs. Das Publikum ist um die 30. *Tgl. bis 4 Uhr, Bahnhofstr. 124*

AUSKUNFT

Tourismusverband
Klosterstr. 43, Tel. 05212/23 13, Fax 33 55, www.seefeld.com

ZIELE IN DER UMGEBUNG

Möserer See **[110 C5]**
Der unter Naturschutz stehende See, ca. 2 km westlich von Seefeld, ist ein beliebter Brutplatz für Wasservögel, an seinen Ufern blühen Alpenrosen. Baden ist erlaubt.

Telfs **[110 C5]**
Dort, wo das obere Inntal am breitesten ist, liegt der Ort mit 5000 Ew. (13,5 km von Seefeld), bekannt geworden durch die jährlich statt-

Die Welt der Außenseiter

Tirolerische Erzählungen

Jetzt kommen sie und holen Jakob.« Norbert Gstreins Erzählung »Einer« handelt vom Schicksal eines Außenseiters, der von einer vom Tourismus korrumpierten Dorfgemeinschaft ausgestoßen wird. Der Handlungsort Fend hat als reales Vorbild den kleinen Ort Vent im Ötztal, in dem Gstrein aufgewachsen ist. Außenseiter sind auch die Typen in den Theaterstücken von Felix Mitterer, der in seinem Werk ein schillerndes Tirol-Panoptikum geschaffen hat. Mit Hans Haid dem»Mythos und Kult in den Alpen« nachzuspüren ist ein besonderes Leseerlebnis.

findenden Tiroler Volksschauspiele *(Info Tel. 05262/620 14, www.telfs.com)* und durch das alle 4 Jahre stattfindende Schleicherlaufen. Im *Tiroler Hof (Bahnhofstr. 28, Tel. 05262/622 37, €€)* wird nicht nur österreichisch, sondern auch italienisch und französisch gekocht.

Im Ortsteil *Mösern* steht frei auf einem Hügel die 1997 aufgestellte *»Friedensglocke«*. Sie mahnt zu Frieden und grenzüberschreitender Zusammenarbeit.

St. Anton am Arlberg

[116 B2] Der Hauptort (1304 m) der Tiroler Seite des Arlbergs, der weltbekannten Passstraße zwischen Lechtaler Alpen und der Verwallgruppe, zählt mit seinen 2400 Ew. neben Kitzbühel zur Wiege des Tiroler Wintersports. Im Sommer ist er beliebter Ausgangspunkt für Wanderungen unterschiedlicher Schwierigkeitsgrade.

ESSEN & TRINKEN

Brunnenhof
Urgemütliche holzgetäfelte Stuben mit tirolerisch inspirierter, sehr anspruchsvoller Küche. *Mitte Dez. bis Ostern tgl. 19–24 Uhr, St. Jakober Dorfstr. 53, Tel. 05446/22 93, €€€*

ÜBERNACHTEN

Rendlhof
Gemütliches, persönlich geführtes Haus mit Sauna und eigener Liegewiese. *20 Zi., Dorfstr. 71, Tel. 05446/31 00, Fax 31 00 50, www.arlberg.com/rendlhof, €–€€*

FREIZEIT & SPORT

Arlberg-well.com
Sport- und Wellnesscenter mit Innen- und Außenbecken, Wasserfall und Strömungsbad. *Tgl. Dez.–April 10–22, Juni–Sept. 9–21 Uhr, Hannes-Schneider-Weg 1, Tel. 05446/40 01, www.arlberg-well.com*

$H_2$0-Adventures
Bei diesem Anbieter von Erlebnissportarten können Sie z.B. Rafting- und Canyoningtouren, Erlebniswanderungen oder Kletterkurse buchen. *Tel. 0699/11 36 50 89, www.h2o-adventure.at*

AUSKUNFT

Tourismusverband St. Anton am Arlberg
Dorfstr. 8, Tel. 05446/226 90, Fax 25 32, www.stantonamarlberg.com

ZIELE IN DER UMGEBUNG

Stanzertal **[116 C2]**
Östlich von St. Anton erstreckt sich entlang der Rosanna das Stanzertal. *Pettnau* (6,5 km) ist ein guter Ausgangspunkt für Wanderungen in das verträumte Malfontal. Schnann (10 km) liegt am Fuß des Hohen Rifflers mit malerischer Klamm und einer der letzten Schellenschmieden Tirols, die das gesamte Oberland mit Kuhglocken versorgt. Auch von *Flirsch* (12 km) und *Strengen* (17 km) aus kann man auf schöne Wandertouren gehen.

Verwallsee **[116 B2]**
Am Fuße der Verwallgruppe liegt der Verwallsee, ein Erholungsgebiet für Spaziergänger mit Natur-Spielplatz für Kinder. *6 km von St. Anton*

Von Kufstein bis zum Brenner

Eine Route, auf der schon die deutschen Kaiser zur Krönung nach Rom zogen

Die meisten Reisenden, die mit dem Auto gen Süden fahren, lernen das Untere Inntal nicht unbedingt von seiner reizvollen Seite kennen. Gewiss flankieren da die eindrucksvollen Bergzüge des Rofan- und Karwendelgebirges auf der einen, jene des Wilden Kaisers sowie der Kitzbüheler und Tuxer Alpen auf der anderen Seite das breite Tal. Doch der brandende Verkehr und die vielen offenbar unvermeidlichen Staus trüben das Vergnügen.

Das Untere Inntal ist einer Promenade vergleichbar, von der aus man Zugang zu kleinen Seitengassen, Arkaden und Passagen erhält, in denen sich die eigentlichen Kleinodien befinden. Die »Promenade« verläuft entlang der beiden Eckpfeiler Kufstein und Innsbruck, und sie streift so bedeutende Orte wie Hall, Schwaz, Wattens oder Rattenberg. Die kleinen Nebengassen und Arkaden sind indessen die berühmten Seitentäler des Unteren Inntals: wie etwa das Wipp- und Stubaital, insbesondere aber das Zillertal, die Wiege der Tiroler Volksmusik. Dann sind da aber auch die bezaubernden Nebentäler wie das Alpbachtal oder das Achental, das den wohl schönsten und vor allem größten Bergsee der Tiroler Alpen erschließt. Nicht zu vergessen das viel besuchte Brixental, das entlang der majestätischen Felskulisse des Wilden Kaisers zu den großen Zentren des Tiroler Wintersports, vor allem nach Kitzbühel, Going und St. Johann, führt.

Der Predigtstuhl ist einer der höchsten Gipfel im Wilden Kaiser

Alpbach

[113 D4] Das unberührte Bergbauerndorf auf 1000 m, das durch den gemeinsam mit den Fuggern betriebenen Kupfer- und Silberbergbau einen gewissen Wohlstand erreichte, wuchs mit dem seit 1945 stattfindenden Europäischen Forum Alpbach zu einem stattlichen Ort mit 2320 Ew. Dennoch hat es nichts von seinem Reiz als Sommerfrischedorf, auch bekannt für seine stattlichen Holzhäuser, verloren.

SEHENSWERTES

Pfarrkirche St. Oswald

Der barockisierte gotische Bau ist ein Konglomerat aus Arbeiten großer Tiroler Künstler. Bemerkens-

Die Altstadtgassen von Hall sind einen Spaziergang wert

wert sind z. B. die Tischlerarbeiten der Alpbacher Künstlerfamilie Pletzacher für die Altäre.

MUSEUM

Bergbauernmuseum
Auf einem 350 Jahre alten, zum Teil bewirtschafteten und in typischer Holzblockbauweise errichteten Hof in Inneralpbach wird das Leben, wie es vor 100 und mehr Jahren in diesem Hochtal herrschte, dokumentiert. Hervorzuheben ist die Hauskapelle im Obergeschoss. *Mai–Mitte Okt. Do–Mo 11–17 Uhr, Tel. 05336/56 07, Eintritt 2,50 Euro*

ESSEN & TRINKEN

Achenwirt
Ein einfaches, gemütliches Wirtshaus mit guten Mehlspeisen und liebenswürdiger Bedienung. *Mi geschl., Alpbach 144, Tel. 05336/57 83,* €

Roßmoos
Sie wissen nicht, was Kaskrapfen oder Kiachln mit Sauerkraut sind? Probieren Sie's doch in der urigen Atmosphäre eines Erbhofs aus dem Jahr 1676! *Di geschl., Alpbach 92, Tel. 05336/53 05,* €€

EINKAUFEN

Am Eingang ins Alpbachtal verkauft der hoch gelegene bäuerliche Betrieb des »Holzbauern« Georg Moser Produkte ab Hof: Im Holzfass eingelegten und kalt geselchten Speck, Würste aus Schlachtfleisch, Sülzen, Fleisch von Junglämmern, Schafwurst, Schaffelle und Betteinlagen. *Brixlegg, Zimmermoos 23, jeden ersten Sa im Monat 8–12 Uhr, Tel. 05337/631 74*

ÜBERNACHTEN

Böglerhof
Mondänes Wohnen hat in diesem 1470 gebauten und mittlerweile

mit modernem Komfort ausgestatteten Bauernhof Tradition: In den alten Stuben lebten auch schon die Fugger und deren Ministeriale. Nicht nur das Ambiente, auch die niveauvolle Küche zeichnen das Restaurant im Haus aus. *50 Zi., Tel. 05336/522 70, Fax 522 74 02, www.boeglerhof.com, €€€*

Leitner
Einfacherer Betrieb in schöner Lage mit bemerkenswert urtümlicher Küche (Alpbachtaler Biersuppe, Graukäse). *14 Zi., Inneralpbach 364, Tel. 05336/56 94, €*

AUSKUNFT

Tourismusverband
Congress Centrum, Tel. 05336/ 60 00, Fax 60 02 00, www.alpbach.at

HALL

[111 F5] ★ Lange bevor Innsbruck seine heutige Bedeutung erhielt, galt Hall (12 500 Ew.) bereits als das wirtschaftliche Tor Tirols. An der Flusslände befand sich schon gegen Ende des Mittelalters ein Stapelplatz für Salz- und Getreideschiffe, und der Haller Markt war das, was man heutzutage eine Messe nennen würde. Die einstige Salinensiedlung mit pittoreskem Stadtbild, die inzwischen fast wie ein Vorort von Innsbruck wirkt, erhielt 1303 das Stadtrecht. 1486 wurde hier die erste große Silbermünze der Welt geprägt.

SEHENSWERTES

Altstadt
Zwischen oberem und unterem Stadtplatz erstreckt sich in zwei scheinbar übereinandergestaffelten Häuserreihen längs des »langen Grabens« das von äußerster Harmonie geprägte architektonische Altstadtensemble. Unbedingt sehenswert sind das *Rathaus* von 1477 mit der getäfelten Bürgermeisterstube, die reizvolle drei-

MARCO POLO Highlights »Unteres Inntal«

★ **Rattenberg**
Kleinste Stadt Tirols mit idyllischem Malerwinkel (Seite 65)

★ **Hall**
Der besterhaltene mittelalterliche Stadtkern Österreichs (Seite 53)

★ **Borromäuskirche**
Barock- und Rokokojuwel bei Volders (Seite 55)

★ **Feste Kufstein**
Das imposante Wahrzeichen des Tals über der alten Grenzstadt (Seite 59)

★ **Swarovski Kristallwelten**
In der Schauhütte in Wattens können Sie Glasmacherkunst hautnah und Kristalle in allen Variationen erleben (Seite 55)

schiffige *Stadtpfarrkirche* von 1281, das barockisierte Damenstift – es war einstmals das reichste Kloster Tirols – und die 1406 erbaute *Salvatorkirche.*

Burg Hasegg (Münzerturm)
In der früheren Burg, die vom Wahrzeichen der Stadt, dem im Kern noch romanischen, 45 m hohen Münzerturm überragt wird, befindet sich heute neben dem Stadtmuseum auch ein Verwaltungs- und Kulturzentrum.

MUSEEN

Salzbergbaumuseum
In nachgebildeten Stollen hat man mitten im ehemaligen Großen Fürstenhaus am Oberen Stadtplatz das Gefühl, in einem echten Bergwerk zu sein. *Eugenstr., Mai–Okt. tgl. 13, 14, 15, 16 Uhr, sonst nach Voranmeldung unter Tel. 05223/562 69, Eintritt 3 Euro*

Stadtmuseum
Rund um die erste maschinell arbeitende Münzprägestätte der Welt sind über 1000 Exponate zum Thema Handwerk, Religion, Kunst, Bergbau und Volkskultur ausgestellt. Ein besonderes Andenken: In der Spindelpresse können Besucher eigenhändig eine Erinnerungsmünze schlagen. *Burg Hasegg, April bis Okt. Di–So 10–17, Nov.–März Di bis Sa 10–17 Uhr, Eintritt 6 Euro, Tel. 05223/585 51 65, www.stadtwerke-hall.at/burg-hasegg*

ESSEN & TRINKEN

Bretze
Gasthof aus dem 16. Jh. mit »Künstlerstube« aus dem 20. Jh. und traditioneller Tiroler Küche. *Di und Mi geschl., Salzburger Str. 5–7, Tel. 05223/567 52,* €

ÜBERNACHTEN

Heiligkreuz
In einer Grünzone am Stadtrand von Hall gelegen, bietet das Hotel bequeme Unterkunft und eine vor allem an Naturkost orientierte Küche. *40 Zi., Reimmichlstr. 18, Tel. 05223/571 14, Fax 57 11 45, www.heiligkreuz.at,* €€

AM ABEND

Dianabar
Lokal im Ambiente einer American Bar. *Di–Sa ab 20 Uhr, Oberer Stadtplatz*

Evergreen
Wollen Sie tanzen? Hier können Sie es! *Salvatorgasse 12, Tel. 05223/524 55*

AUSKUNFT

Tourismusverband
Wallpachgasse 5, Tel. 05223/562 69, Fax 562 69 20, www.tiscover.at/hall

ZIELE IN DER UMGEBUNG

Absam **[111 F5]**
Der meistbesuchte Wallfahrtsort (3 km) Tirols lohnt den Besuch nicht nur wegen des Gnadenbilds der Mutter im Glas in der spätbarocken Michaelskirche, sondern auch wegen des sehenswerten *Fasnachtsmuseums,* das eindrucksvolle Exponate zu diesem uralten Tiroler Brauchtum zur Schau stellt. *Stainerstr. 1, April–Juni und Sept.–Nov.*

So 10–12 und 13–17 Uhr, Auskunft Tel. 05223/531 90

Borromäuskirche **[112 A5]**
★ Unmittelbar neben der Inntalautobahn bei Volders (7 km) befindet sich dieses Barockjuwel. Die zum Dank für die überstandene Pest gegründete Kirche besticht vor allem durch ihre eindrucksvollen Kuppelfresken aus dem Jahr 1698.

Swarovski Kristallwelten **[112 A5]**
★ Durch den Kopf eines riesigen begrünten Berggeists betritt man in Wattens (10 km) die von dem Wiener Künstler André Heller für die weltberühmte Glasfabrik Swarovski realisierte unterirdische Zauberwelt, die Kristalle in allen Variationen zum Thema hat. Im Inneren warten Wunderkammern, Licht- und Klangeffekte sowie die Arbeiten bedeutender Künstler wie Keith Haring, Salvador Dalí oder Niki de St-Phalle. *Kristallweltenstr. 1, Dez.–Okt. tgl. 9–18 Uhr, 25.12. und 1.1. geschlossen, Öffnungszeiten im Nov. auf Anfrage unter Tel. 05224/510 80, www.swarovski.com/kristallwelten, Eintritt 8 Euro.* Alte Tiroler Bürger- und Bauernstuben, bemalte Kacheln und Spitzenvorhänge geben der herzhaften und ideenreichen Tiroler Küche im Restaurant *Zum Schwan* den richtigen Rahmen *(Sa/So geschl., Swarovskistr. 4, Tel. 05224/521 21, €).*

Gnom der Swarovski Kristallwelten

KITZBÜHEL

[114 C3] Die hübsche Stadt (8400 Ew.) liegt auf einem lang gestreckten Hügel und zeigt auch heute noch viel von ihrer mittelalterlichen Struktur, geht doch der älteste Teil der Stadt auf das 12. Jh. zurück. Kitzbühel, die Heimat von Hansi Hinterseer, hat zwei Gesichter. Im Sommer gibt sie sich als sympathisches Städtchen, das durch den einstigen Bergbau zu Reichtum kam, und im Winter seit Anfang des 20 Jhs. als mondänes Skidorf, in dem sich die Schickeria zu Hause fühlt.

SEHENSWERTES

Neben den herausgeputzten Bürger- und Gewerkenhäusern prägen die Kirchen nachhaltig das Gesicht der Stadt. Im Inneren der gotischen *Katharinenkirche* (zwischen Unter- und Oberstadt gelegen) stechen das Kreuzrippengewölbe und ein bemalter Flügelaltar ins Auge. Die *Liebfrauenkirche* fällt durch ihren wuchtigen Wehrturm schon von weitem auf. Der Stilmix im Inneren erstreckt sich von der Gotik bis in das Rokoko. Zwischen ihr und der barock veränderten, reich ausgestatteten *Stadtpfarrkirche St. Andreas* (nördlich der Altstadt) liegt einer der schönsten Bergfriedhöfe Tirols. Insider Tipp

Kitzbühel ist einer der bekanntesten Wintersportorte Tirols

Sowohl die Kirchen als auch der Friedhof sind tagsüber durchgehend geöffnet.

MUSEEN

Bauernmuseum Hinterobernau

Nach einem Spaziergang über den alten Römerweg gelangen Sie zu einem uralten Bauernhof im typischen Tiroler Einhausstil, der Wohnteil und Stadel unter einem Dach vereint. In diesem Holzhaus – den First ziert die Jahreszahl 1559 – hat man die alte Einrichtung vom Rauchkuchlherd mit dem Hochgeschirr bis zur Bank mit dem darunterliegenden Hühnersteig konserviert. *Juni–Sept. Mo–Sa 13–17 Uhr, Eintritt 2 Euro*

Kitzbüheler Heimatmuseum

Der Rahmen dieser Sammlung, im ältesten Haus der Stadt untergebracht, reicht vom Jugendstil bis zu alpinen Rennfahrertrophäen. *Hinterstadt 32, Juni–Sept. tgl. 10–18, Okt., Nov. Di–Sa 10–13, Dez. bis März tgl. 10–13 und 15–18 Uhr, Eintritt 4 Euro*

ESSEN & TRINKEN

Neuwirt

Insider Tipp

Wer auf schlichte Eleganz und exquisite Küche zählt, ist hier am richtigen Platz. Stefan Hofer zeigt sich als wahrer Meister seines Fachs, der gerne die Grenzen einer verfeinerten regionalen Küche auslotet. *Tgl. (nur abends), Florianigasse 15, Tel. 05356/69 11,* €€€

Rasmushof

In den großen Stuben des Golfhotels beim Golfplatz Ried mit hübscher Täfelung, blanken Tischen und Stühlen ist die Atmosphäre eher hemdsärmelig und zünftig. Die Gerichte aus heimischer und internationaler Küche sind solid und die Portionen gut bemessen. *Tgl., Ried Eching 15, Tel. 05356/652 52,* €€

Zum Rehkitz

Das restaurierte Bauernhaus aus dem 16. Jh. ist eines der gepflegtesten Wirtshäuser der weiteren Umgebung. Auch die betont klassische österreichische Küche, die zeitweise mit Asiatischem ergänzt wird, überzeugt vollauf. *Tgl., Am Rehbühel, Tel. 05356/661 22, €€*

EINKAUFEN

Kitzbühel ist ein Boutiqueneldorado, in dem es vor allem Designermode zu kaufen gibt. An kunsthandwerklichen Läden, die neben echter Schnitz- und Glaskunst oft auch viel billigen Touristenkitsch anbieten, herrscht kein Mangel. Das Preisniveau ist oft übertrieben hoch.

ÜBERNACHTEN

Eggerwirt
Prachtvoller Gasthof im unteren Teil der Stadt mit vielen schönen Gewölben und gemütlichen Stuben. Nicht allzu mondän, daher auch relativ günstig. *20 Zi., Untere Gänsbachgasse 12, Tel. 05356/624 55, Fax 624 37 22, www.eggerwirt-kitzbuehel.at, €€*

Oberaigen
Etwas abseits bei der Mittelstation des Bichlalm-Sessellifts auf 1165 m gelegen, ist dieses rustikale Blockhaus mit Hahnenkammblick eine landschaftlich reizvolle und auch preisgünstige Adresse. *4 Zi., Tel. 05356/623 51, Fax 623 51 20, www.tiscover.at/oberaigen, €*

Hotel zur Tenne
Mitten in der Kitzbühler Altstadt liegt dieses geschmackvoll und behaglich eingerichtete elegante Hotel. Zur Wahl stehen komfortable Zimmer, Apartments und Studios, mit Kamin, Whirlpool oder Dampfbad ausgestattet. *53 Zi., Vorderstadt 8–10, Tel. 05356/644 44, Fax 648 03 56, www.hotelzurtenne.com, €€€*

FREIZEIT & SPORT

Kitzbühel ist nicht nur ein Mekka für Wintersportler und Golfer. Hier gibt's auch schöne Klettersteige unterschiedlicher Schwierigkeits-

Mit 140 Sachen durchs Ziel

Kitzbühel im Ausnahmezustand

Auf österreichischen Autobahnen sind höchstens 130 km/h erlaubt. Wer sich von den Skiassen mit weniger als 140 km/h in den Zielhang stürzt, landet irgendwo auf den hinteren Plätzen. Die Rede ist von der Streif, der wohl berühmtesten Abfahrtsrennstrecke der Welt, die am Hahnenkamm (1665 m) beginnt und nach 3312 m in direkter Nähe Kitzbühels endet. Mittlerweile ist das Hahnenkamm-Wochenende zum internationalen Sport-Großereignis avanciert, das von mehr als 500 Mio. Menschen am Bildschirm verfolgt wird und zu dem jährlich Ende Januar weit über 100 000 Zuschauer pilgern. Als wirklicher Hahnenkamm-Sieger darf sich der Erste der klassischen Kombinationswertung (Abfahrt und Slalom) feiern lassen.

grade zu entdecken, vor allem aber gut ausgebaute Wanderwege um und auf die Berge der Umgebung.

AM ABEND

Tenne

Ausgehmöglichkeiten und Diskos gibt es mehrere in »Kitz«, doch es gibt nur eine Disko, in der jeder Besucher dieses Orts, der etwas auf dessen schickes Image gibt, gewesen sein muss. Die *Tenne* liegt mitten in der Altstadt und ist *der* Society-Treff schlechthin, ist aber nur im Winter geöffnet. *Vorderstadt 8–10, Tel. 05356/644 44.*

AUSKUNFT

Tourismusverband Kitzbühel, Aurach, Reith

Hinterstadt 18, Tel. 05356/ 62 15 50, Fax 623 07, www.kitzbuehel.com

ZIELE IN DER UMGEBUNG

Ellmau **[114 B2–3]**

Eingebettet zwischen den sanften Hügeln der Kitzbühler Alpen und den schroffen Wänden des Wilden Kaisers liegt auf 820 m Ellmau, 14 km von Kitzbühel, ein Urlaubsdorf für die ganze Familie. Ideale Bedingungen zum Biken, Wandern und Bergsteigen. Zum Plantschen lädt das großzügig gestaltete Kaiser (Frei)bad ein. Zentral gelegen und familienfreundlich ist das *Hotel Hochfilzer. 49 Zi., Dorf 33, Tel. 05358/25 01, Fax 31 52, www.hotel-hochfilzer,* **€€**

Hopfgarten **[114 A3]**

Am Fuß der Hohen Salve (1829 m) liegt der historische Ortskern mit engen Gassen und sehr hübschen Häusern. Ideale Umgebung zum Wandern, Radeln und Biken für die gesamte Familie. Im Sommer findet ein kleines, aber sehr feines Festival der Kammermusik statt *(www.kammermusikfest.net)*. Im Familienfreizeitparadies *Salvenaland* gibt's vom Badesee über die Sommerrodelbahn bis zum Funpark alles, was Kinderherzen höher schlagen lässt.

Insider Tipp

Schwarzsee **[114 B3]**

Der warme Moorsee ist von Kitzbühel (2 km) sogar zu Fuß in einer guten halben Stunde erreichbar.

Wildpark Aurach **[114 C4]**

Rotwild, Steinböcke, Esel, Mufflons, tibetanische Yaks, Wildschweine, siamesische Hängebauchschweine, Füchse, Dachse, Zwergziegen, asiatische Hochlandrinder und jede Menge frei lebender Vogelarten – es gibt kaum Tierarten, die es auf diesem Areal rund um den Branderhof (auf 1060 m, 5 km von Kitzbühel) nicht gibt. *Tgl. 9–17 Uhr, Winter Di–So 10–17 Uhr, um 14.30 Uhr Wildfütterung, Eintritt 5 Euro, Tel. 05356/652 51, www.wildpark-tirol.at*

In der *Gigglingstube* in Aurach sieht's aus wie in einem einfachen Landgasthaus, es kocht jedoch der Sohn des Hauses – und der hat beim großen Meister Eckart Witzigmann gelernt. *Dez.–April, Juli–Okt. Di–So, Tel. 05356/648 88,* **€€€**

KUFSTEIN

[113 E1] Für die meisten Urlauber, die von Norden her anreisen, beginnt in dieser Stadt (15 000 Ew.) die Bekanntschaft mit Tirol.

Die Feste Kufstein vor dem Eingang zum Kaisertal

Die imposante Festung prägt die Stadtansicht. Der Festungsberg stand von Völkerwanderungszeiten an bis zu den Tiroler Freiheitskämpfen unter historischem Dauerfeuer. Trotzdem ist das Städtchen, das kürzlich seine 500-jährige Zugehörigkeit zu Tirol feierte, nicht nur für seine Wehrhaftigkeit, sondern auch für seinen Handwerksfleiß bekannt. Josef Madersperger erfand hier 1814 die Nähmaschine.

Die Innschifffahrt ist von Mai bis Oktober in Betrieb. Einstiegstelle am Fischergries, Anlegestellen in Kiefersfelden, Oberaudorf, Niederndorf und Ebbs.

SEHENSWERTES

Auracher Löchl

Wer den steilen Weg auf die Burg scheut, fährt bequem mit dem Festungslift. *Römerhofgasse, Ostern bis Okt. tgl. 9–17 Uhr*

Feste Kufstein

★ Die Ursprünge der imposanten Festung auf dem kufenförmigen Felsen am Inn gehen auf das Jahr 1205 zurück. Kaiser Maximilian I. ließ die Burg 1504 neu errichten und zur Festung mit einem Areal von 26 000 m^2 – größer als die Altstadt – ausbauen. Heute ziehen die hinreißende Aussicht und die Heldenorgel, die 1931 geschaffene erste Freiorgel der Welt mit 46 Registern und 4307 Pfeifen, Scharen von Besuchern an. Die Orgel, die mit den Manualen im Festungshof über zwei Kabel mit je 220 Adern verbunden ist, ertönt täglich um die Mittagszeit. *März–Okt. tgl. 9–17, Nov.–Feb. 10–16 Uhr, Eintritt 8 Euro*

MUSEUM

Heimatmuseum

Geschichte lebendig machen: Unter diesem Motto und interaktiv werden archäologische Funde und die bewegte Geschichte der Festung gezeigt. *März–Okt. tgl. 9–17 Uhr, Eintritt in Festungsticket enthalten*

ESSEN & TRINKEN

Batzenhäusl

Uriges Wirtshaus, in dem bereits Maria Theresia logiert haben soll. Tiroler Hausmannkost. *So geschl., Römerhofgasse 1, Tel. 05372/624 33, €*

Weinhaus Auracher Löchl

Direkt am Fuß des Festungslifts liegt diese ehemalige Brauerei. In einem sehenswerten Gebäude aus dem Spätmittelalter wird traditionelle Hausmannskost aus Tirol geboten. *Tgl., Römerhofgasse 3–5, Tel. 05372/632 38, €*

EINKAUFEN

Glashütte Riedel

Riedel-Gläser haben die Welt der Weintrinker sanft, aber nachhaltig revolutioniert. In der Schauhütte kann Glasmacherkunst unmittelbar erlebt werden. Seit kurzem heißt die Attraktion aber »Spektakel der Sinne«, wobei das Riechen, Schmecken, Fühlen, Sehen und Hören ins Zentrum des Bewusstseins gerückt wird. *Weißacher Str. 28–34, Mo–Fr 9–12, 13–16 Uhr (Shop Mo–Fr 9–17.30, Sa 9–17 Uhr), Tel. 05372/648 96, www.riedel.com, Eintritt 4 Euro, Rückerstattung bei Einkauf im Shop 1,30 Euro*

ÜBERNACHTEN

Alpenrose

Sehr zentral, neben der Glashütte Riedel, liegt dieses familiär geführte Komforthotel mit einem erstklassigen Restaurant und einer behaglichen Hotelbar. *22 Zi., Weißacher Str. 47, Tel. 05372/621 22, Fax 62 12 27, www.bestwestern.at/alpenrose, €€*

AUSKUNFT

Tourismusverband

Unterer Stadtplatz 8, Tel. 05372/622 07, Fax 614 55, www.kufstein.at

ZIELE IN DER UMGEBUNG

Fohlenhof Ebbs **[113 F1]**

Die als besonders zäh bekannten Haflingerpferde sind eine Kreuzung aus Tiroler Gebirgsstute und Araberhengst. Auf dem Ebbser Fohlenhof am Fuß des Kaisergebirges (8 km von Kufstein) können Sie Reit- und Fahrunterricht nehmen oder sich herumkutschieren lassen und anschließend das kleine Museum besuchen. *Di–So 9–17 Uhr, Auskunft Tel. 05373/422 10, www.haflinger-tirol.com*

Mariastein **[113 D2]**

Kurioses burgähnliches Gebäude (12 km von Kufstein), oben Wallfahrtskirche mit einem Gnadenbild aus dem Jahr 1470, unten Rittersaal mit eingelassener »Einmannküche«. *Tgl. 9–17 Uhr, Führungen nach tel. Vereinbarung, Tel. 05332/563 76 oder 760 07, Eintritt 2,20 Euro*

Thiersee **[113 E1]**

Das Tal der Thierseer Ache zählt zu den besonders malerischen Regionen des Unterinntals, und der Thiersee bietet sich als idyllisches Wandergebiet an. In der Ortschaft Thiersee (5 km von Kufstein) fin-

Das Zillertal ist nicht nur für Skifahrer ein lohnendes Ziel

den in der *Margarethenkirche* alle sechs Jahre die neben Oberammergau berühmtesten *Passionsspiele* im süddeutschen Sprachraum statt *(Passionsspiele 2007, Auskunft Tel. 05376/52 20, www.passionsspiele.at)*.

Inmitten saftiger Wiesen liegt der kinderfreundliche *Wanishof* mit grandiosem Panoramablick auf das Kaisergebirge. Insider Tipp Richtiges Heubad auch für Kinder. *5 Zi. und 2 Ferienwohnungen, Nr. 15, Tel./Fax. 05376/55 44, www.wanishof.at,* €–€€

Walchsee **[114 B1]**

Der liebliche See mit den moderaten Wassertemperaturen und die Berge rings herum haben das Dorf zu einem Urlaubsort für Familien werden lassen. Bei 200 km Wanderwegen und einer Vielzahl von Wassersportarten wird niemandem langweilig. Wer nicht nach Neuengland fahren will, kommt hier, wenn die Wälder rotgold glühen, Insider Tipp voll auf seine Kosten. Auf dem am Waldrand gelegenen Erlebnisbauernhof *Hinterankerwald* gibt's hofeigene Produkte. *2,5 km vom Ort, Schwags 10, 4 Zi. und Ferienwohnungen, Tel/Fax 05374/50 86, www.tiscover.at/hinterankerwald,* €–€€

MAYRHOFEN UND DAS ZILLERTAL

[112 C4–6] Das 30 km lange Zillertal ist ein Mikrokosmos, der all das widerspiegelt, was die Beliebtheit Tirols als Ferienziel ausmacht: grüne Wiesen, sanfte, dann steil ansteigende Berghänge und malerische Ortschaften. Im oberen Teil verengt es sich zu einem beeindruckenden Hochgebirgstal, dessen Seitentäler zu den Gletschern der Zillertaler Alpen ansteigen. Von Jenbach aus kann man das Tal mit dem schön altertümlichen Dampfross der Zillertalbahn erreichen.

Mayrhofen, Hauptort des Tals und Endpunkt der Zillertalbahn, ist weniger kunsthistorisch als touristisch interessant. Einen Besuch wert ist die 1968 von Clemens Holzmeister erbaute Kirche mit einem Deckenfresko von Max Weiler (Rose von Jericho). Von ihrer Vorgängerin konnte nur ein gotisches Innenportal gerettet werden.

SEHENSWERTES

Fügen [112 C4]
Eine malerische Siedlung (2300 Ew.), die auf das Jahr 927 zurückgeht. Die gotische Pfarrkirche Mariä Himmelfahrt ist berühmt für ihre Fresken und spätgotischen Brustreliefs der zwölf Apostel. Im Heimatmuseum Fügen sind altes Handwerkszeug und Mineralien ausgestellt. Von dort aus können Sie auch zur sehenswerten Fügener Dreikirchenführung in die Umgebung des Orts aufbrechen. *Di und Fr 16–18 Uhr, 2,50 Euro, Tel. 05288/622 62*

Insider Tipp

Straß [112 C4]
Dass das Zillertal ein altes Kulturgebiet ist, in dem seit Jahrhunderten Bergbau betrieben wird und wo zeitweilig sogar nach Gold geschürft wurde, hat seine Spuren in dieser Landschaft hinterlassen. In der Umgebung der kleinen Ortschaft Straß (700 Ew.) erinnert der historische Gasthof Esterhammer ebenso an diese Zeit, wie es die alten Knappenlöcher ganz in der Nähe der spätbarocken Wallfahrtskirche Maria Brettfall tun.

Zillertaler Höhenstraße [112 C5–6]
Die ca. 35 km lange Strecke bietet wunderbare Ausblicke, empfiehlt sich aufgrund ihrer Anforderungen aber nur für sehr sichere Fahrer. Die Höhenstraße führt von Ried (570 m) nach Hippach (620 m). Der höchste Punkt, den Sie während der Fahrt erreichen, ist Melchboden auf 2015 m.

ESSEN & TRINKEN

Zum Griena
Insider Tipp
Ein typisches Tiroler Bauernwirtshaus, in dem Sie im 400 Jahre alten Ambiente Spezialitäten kosten können, wie man sie sonst nirgendwo mehr bekommt. *Tgl. Mitte Dez. bis Mai und Juli–Okt., Haus Nr. 768, Mayrhofen, Tel. 05285/627 78,* €

ÜBERNACHTEN

Kramerwirt
Solides, liebevoll geführtes Haus mit Erholungslandschaft im 4. Stock. *78 Zi., Marienbrunnen 346, Mayrhofen, Tel. 05285/67 00, Fax 670 05 02, www.kramerwirt.at,* €€–€€€

FREIZEIT & SPORT

Actionclub Zillertal
Canyoning, Rafting oder Hydrospeed für Jung und Alt, Neueinsteiger oder alte Hasen. *Hauptstr. 458, Mayrhofen, Tel. 05285/629 77, www.actionclub-zillertal.com*

AM ABEND

Zur Wintersaison sind die Veranstaltungen im Zillertal eher auf den Jetset ausgerichtet. In der Sommersai-

»Tiroler Fjord«: der während der Eiszeit entstandene Achensee

son herrscht volkstümliche Unterhaltung vor.

Scotland Yard
Ein Pub mit Rockmusik (manchmal auch Live-Bands), Billard, Dart und hauptsächlich Bier. *Mo–So 17–2 Uhr, Scheulingstr. 372, Mayrhofen, Tel. 05285/623 39*

AUSKUNFT

Tourismusverband Mayrhofen
Dursterstr. 225, Tel. 05285/676 00, Fax 676 00 33, www.mayrhofen.at

PERTISAU AM ACHENSEE

[112 B3] Der kleine, quirlige Ort (460 Ew.) mit großer Tradition – über Jahrhunderte kamen Kaiser und Könige zum Fischen und Jagen – ist ein beliebter Tummelplatz für Wassersportler. Der smaragdgrün schimmernde Achensee auf 1000 m Höhe ist 10 km lang und nur 1 km breit. Die Wassertemperatur erreicht nur an wenigen Tagen 20 Grad, Sportsfreunde finden daher weniger in als auf dem Wasser ihr Eldorado, nämlich als Windsurfer und Segler, oder, über dem Wasser, als Drachenflieger und Paraglider.

ESSEN & TRINKEN

Dorfwirt
Bodenständiges Wirtshaus mit breit gefächerter Speisekarte, auf der auch Vollwertkost und Vegetarisches nicht zu kurz kommen. *Tgl., Nr. 31 a, Tel. 05243/58 86,* €

St. Hubertus
Auf der Straße nach Maurach direkt am See gelegenes und wegen seines Fisch- und Wildangebotes aus eige-

ner Jagd und Fischerei geschätztes Haus. *Tgl., Tel. 05243/52 33,* €€€

ÜBERNACHTEN

Fürstenhaus
Phantastische Seelage und die Berge des Rofan- und Karwendelgebirges zum Greifen nah. Nach dem Umbau noch großzügiger und bequemer. 3000 m^2 Wellnessbereich mit geheiztem Außenpool, der in den See überzugehen scheint. Im Restaurantbereich viele verschiedene Stuben. *120 Zi., Pertisau 63, Tel. 05243/54 42, Fax 61 68, www.fuerstenhaus.at,* €€€

Haus Leithner
Hotel garni und Apartmenthaus mitten im Ort. Wer zum Erholen Platz braucht und trotzdem die Intimität eines kleinen Hauses schätzt, wird sich in den neu eingerichteten Suiten besonders wohl fühlen. *7 Zi., Ferienwohnungen, Pertisau 36 e, Tel. 05243/536 30, Fax 5363 60, www.leithner.info, www.haus-leithner.at,* €€

FREIZEIT & SPORT

Achenseeschifffahrt
Die Boote sind von Mai bis Oktober in Betrieb *(Tel. 05243/525 30, www.tirol-schiffahrt.at).*

Insider Tipp **Vitalberg**
In dem architektonisch auffälligen gläsernen Berg erfahren Besucher alles zum Thema Steinöl, oder dem schwarzen Gold vom Achensee, wie es auch genannt wird. Gewonnen aus Schiefergestein wird es zur Körper- und Heilpflege angewendet *(tgl. 9–17.30 Uhr, www.vitalberg.at).*

AM ABEND

Hier wird die Nacht schnell zum Tag. Im Tanzcafé *Seediele*, Nr. 72 a, gibt's bis spät in die Nacht auch immer noch etwas zum Essen. Das *Laterndl*, Nr. 50 d, ist die In-Disko und bis in die Morgenstunden geöffnet.

AUSKUNFT

Tourismusverband Pertisau
Pertisau 53 d, Tel. 05243/43 07, Fax 59 39, www.achensee.com/pertisau

ZIELE IN DER UMGEBUNG

Achenseebahn **[112 B3–4]**
Die von Jenbach (10 km) zum Achensee führende *Achenseebahn* ist die älteste mit Dampf betriebene Zahnradbahn Europas. Die nur 6,7 km lange Strecke überwindet einen Höhenunterschied von immerhin 440 m. Drei Dampflokomotiven bewältigen das »Verkehrsaufkommen« mit 180 Pferdestärken. *Mitte Mai–Sept., 19 Euro, www.achenseebahn.at*

Großer Ahornboden **[112 A4]**
Diese bizarre Tiroler Landschaft ist nur über Deutschland zu erreichen (90 km). Sie verlassen das Achental in Richtung Norden und biegen nach dem Überqueren des Achenpasses ins Rißtal ein. Nach wenigen Kilometern erreichen Sie den Großen Ahornboden mit seinem 400-jährigen Baumbestand. Am Ende des Tals können Sie »in der Eng« ein unverfälscht gebliebenes Almdorf besichtigen und den dort erzeugten köstlichen Almkäse einkaufen.

Maurach **[112 B3]**
Der Badeort mit weitläufigem Strand liegt am Südufer des Achensees (5,5 km von Pertisau), ideal für Surfer und Segler. Unterkunft: *Hotel Alpenrose,* im Tiroler Stil gehaltenes Sport- und Gesundheitshotel mit eigenem Gourmetstüberl für Hausgäste. *75 Zi., Maurach 68, Tel. 05243/52 93, Fax 54 66, www.alpenrose.at, €€–€€€*

Museum Tiroler Bauernhöfe **[112 C3]**
Die zunehmende Verhüttung der Landschaft führte dazu, dass die ursprünglichen Bauernhäuser ihr Lebensrecht verloren. Um sie zu retten, gründeten engagierte Volkskundler in Kramsach das größte Freilichtmuseum in Westösterreich. Es vereint Gehöfte aus Nord-, Süd- und Osttirol. Dazu mussten die Oberinntaler Einhöfe, Stadeln und Paarhöfe mühsam Balken um Balken abgetragen und in Kramsach originalgetreu wieder aufgebaut werden. Auch die Inneneinrichtung beließ man von der Stube über die Rauchkuchl bis zum Austragsstüberl wie zur Zeit der letzten Besitzer. Das zum Museumsgelände gehörende Wirtshaus *Rohrerhof* sorgt nach der Besichtigung fürs leibliche Wohl. *Museum: Ostern–Okt. tgl. 9–18, Einlass bis 17 Uhr, Eintritt 5,50 Euro, www.museum-tb.at*

Rattenberg **[112 C3]**
★ Das schönste geschlossene mittelalterliche Stadtensemble Tirols findet sich neben Hall in der alten Glasbläserstadt Rattenberg, die vor allem wegen ihres idyllischen »Malerwinkels« im Zentrum besuchenswert ist. Etwa 80 Prozent aller Häuser stammen aus dem 15. und 16. Jh. In einem besonders schönen ist der Gasthof *Brauhaus* untergebracht *(tgl., Bienerstr. 84, Tel. 05337/638 70, €–€€).* In der exzellenten *Konditorei Hacker* Insider Tipp

In einer Glasbläserwerkstatt in Rattenberg

(Südtiroler Str. 46) werden seit 1774 süße Verführungen, auch hausgemachte Pralinen, hergestellt.

Schloss Tratzberg **[112 B4]**
Unweit von Jenbach findet sich in dem schönen Renaissanceschloss ein Museum, zu dessen wertvollsten Exponaten die Fuggerstube (im Originalzustand) und ein 46 m langes Wandbild zählen, das in einem dicht verästelten Baum 148 vor allem kostümgeschichtlich bedeutsame Figurinen zeigt. *April–Okt. tgl. 10–16 Uhr, nur mit Führung zu besichtigen, Tel. 05242/635 66, www.schloss-tratzberg.at, Eintritt 9 Euro*

SCHWAZ

[112 B4] »Aller Bergwerke Mutter«, so lautete jahrhundertelang der Ehrentitel dieser historischen Stadt am Inn (13 500 Ew.). Während der Blütezeit des Schwazer Bergbaus zu Beginn der Neuzeit wurden dort jährlich immerhin 3000 t Silber und 57 000 t Kupfer geschürft. Vieles aus vergangener Zeit ist heute noch erhalten: die *Bürgerhäuser* aus dem 16. Jh., der *Loggiengang* im Gasthof Stern, das prunkvolle *Wirtshausschild* des Goldenen Adlers aus dem Jahr 1770, der *Knappenbrunnen* und die *Barbarastatue* am Pfundplatz, das einstige *Fuggerwohnhaus* und das berühmte *Rathaus.*

MUSEEN

Museum der Stadt Schwaz
Hier erfahren Sie alles über die wechselvolle Geschichte der Stadt, die von Historikern als eine der ältesten Industrieansiedlungen Europas betrachtet wird und auch im Rahmen der industriellen Revolution im 19. Jh. eine Rolle spielte. *Burggasse 55, 15. April–15. Okt. Fr bis Mi 10–17 Uhr, Tel. 05242/639 67, Eintritt 3 Euro*

Silberbergwerk
Mit einer typischen Grubenbahn fahren Besucher in dieses längst stillgelegte Bergwerk ein, das heute nicht mehr dem Schürfen nach wertvollem Metall, sondern jenem nach volkskundlich und industriegeschichtlich interessanten Objekten dient. *Mai–Okt. tgl. 8.30–17 Uhr, Nov.–April tgl. 9.30–16 Uhr, Eintritt 15 Euro, www.silberbergwerk.at*

ESSEN & TRINKEN

Schloss Mitterhart
Lassen Sie sich vom aristokratischen Namen nicht irritieren. Was Sie vorfinden, ist ein typischer Tiroler Gasthof in einem alten Gewölbe direkt am Innufer mit preiswerten Produkten aus eigener Landwirtschaft. *Mo geschl., Innhöfe 3, Tel. 05242/632 85,* €

ÜBERNACHTEN

Alpenhof Hubertus
Der ruhig und sonnig auf 1300 m gelegene Hof ist passabel ausgestattet. *21 Zi., Pillberger Str. 191, Tel. 05242/624 72, Fax 62 47 24, www.alpenhof-hubertus.at,* €–€€

AUSKUNFT

Tourismusverband Schwaz
Franz-Joseph-Str. 2, Tel. 05242/632 40, Fax 656 30, www.schwaz-info.at

Auf den Felsgipfeln des Stubaitals fühlen sich die Steinböcke, die Kraxelkönige der Alpen, wohl

ZIEL IN DER UMGEBUNG

Benediktinerstift St. Georgenberg **[112 B4]**

Neben Stams ist das Stift in Fiecht (2 km) das kulturhistorisch wertvollste Tirols. Der vierflügelige Bau stammt aus der Zeit zu Beginn des 18. Jhs. Die *Stiftskirche* (1741–44) beeindruckt durch ihre prachtvolle Rokokoausstattung: üppige Fresken, die Muttergottes von Christoforo Benedetti (1706) und die geschnitzten Büßerfiguren auf den Beichtstühlen. Volkskundlich und paläontologisch bemerkenswert ist das *Stiftsmuseum. Besichtigung nur mit Führung und nach tel. Anmeldung unter Tel. 05242/632 76 33*

STUBAITAL

[119 E1–2] Das bekannteste und weitläufigste Seitental des Wipptals ist das Stubaital. Eine ganz normale Straßenbahn, die mitten in dieses Tal der 40 Dreitausender hineinführt, erschließt es von Innsbruck-Wilten aus. Vorbei an Natters, Mutters und Telfs und bis hinauf nach Fulpmes überwindet die Bahn einen Höhenunterschied von 413 m. Nicht zuletzt durch diesen regelmäßigen Anschluss mit der »Bim« erlangte das Tal Weltruf unter Hochalpinisten.

SEHENSWERTES

Grabafall **[119 D3]**

Im Unterbergtal, der Fortsetzung des Stubaitals, führt bei der 1534 m hoch gelegenen Grabaalm (Parkplatz) ein kleiner Steig zu einem imposanten Wasserfall, der aus den Gletschern der Stubaier Alpen gespeist wird und sich kaskadenartig über 100 m in die Tiefe ergießt.

MUSEUM

Schmiedemuseum
Im Museum in Fulpmes ist eine Dokumentation der Geschichte der weltberühmten Stubaier Werkzeugindustrie zu besichtigen. *Juli–Sept. Mi 14–17 Uhr, eventuell auch auf Anfrage, Tel. 0664/450 24 02, Eintritt 2 Euro*

ESSEN & TRINKEN

Kratzerwirt
Ambitionierter Gasthof mit Hausmannskost, Stubaier Spezialitäten und Fischen aus eigenem Teich. *Mo geschl., Neustift, Obergasse 15, Tel. 05226/31 52, €–€€*

ÜBERNACHTEN

Bruggerhof
Sympathischer Familienbetrieb mit Tradition. Traumhafter Blick und großzügige, vor kurzem renovierte Zimmer. *17 Zi., Fulpmes, Bahnstr. 35, Tel. 05225/622 87, Fax 629 98, www.bruggerhof.at, €*

AUSKUNFT

Tourismusverband Stubai
Bahnstr. 17, Fulpmes, Tel. 05225/622 35, Fax 638 43, www.stubai.at

TUXERTAL

[120 B–C 1–2] Bezeichnet man einen Tuxertaler als Zillertaler, ist er in seinem »Nationalstolz« gekränkt. Denn obwohl das Tuxertal die natürliche, wenn auch viel engere und vor allem hochalpine Fortsetzung des Zillertals ist, hat es seit jeher Wert auf seine Eigenständigkeit gelegt. Die Hauptorte *Lanersbach* und *Hintertux* sind heute vor allem perfekte Wintersportgebiete. Am Hintertuxer Gletscher kann man auch im Sommer Ski fahren.

SEHENSWERTES

Tuxer Mühle
Die alte Mühle in Juns, die bis heute im Originalzustand erhalten ist, wird einmal pro Woche als Schaumühle in Betrieb genommen. *Juni–Sept. Mo 13–16 Uhr*

EINKAUFEN

Außer für Tiroler Schnitzkunst und viel Souvenirkitsch ist das Zillertal vor allem für seinen Bergkäse berühmt. Eine der Käsereien findet man in Tux – die *Bergkäserei* in Stoankasern. *Ende Juni–Mitte Sept. tgl. 7–11 Uhr, Auskunft Tel. 05287/876 42*

ÜBERNACHTEN

Lanersbacherhof
Wie ein Musterbeispiel für landschaftsschonende Architektur fügt sich dieses Alpenhotel in seine Umgebung ein. Die mit zwei Hauben des Gault-Millau ausgezeichnete Frau des Hauses kocht auch für Pensionsgäste à la carte. Tennisplätze, ein Indoor- und ein Outdoor-Pool, Kneippanlage. *36 Zi., Lanersbach 388, Mai und Okt. geschl., Tel. 05287/872 56, Fax 874 53, www.lanersbacherhof.at, €€–€€€*

FREIZEIT & SPORT

Erlebnisclub Tuxertal
Hier können alle Altersgruppen, insbesondere auch Kinder, neue

Insider Tipp

Sportarten kennen lernen, und Höhlentrekking, Paragliden, Klettern, Rafting oder Canyoning ausprobieren. *Lanersbach Nr. 367, Tel. 05287/872 87, Fax 872 27, www.natursport.at*

AUSKUNFT

Tourismusverband Tux
Lanersbach 472, Tel. 05287/85 06, Fax 85 08, www.tux.at

WIPPTAL UND SEITENTÄLER

[119 E–F 1–3] Gezählte 66 Kaiser des Heiligen Römischen Reiches sind durch dieses Hochtal gezogen, um den Brenner in Richtung Rom zu überqueren. Das *Schmirntal* ist bis heute ein unverfälschtes Bergbauerntal geblieben. Das *Valsertal* wurde 1941 wegen seiner landschaftlichen Schönheit zur Gänze unter Naturschutz gestellt. Das *Gschnitztal* verfügt mit der Ortschaft Trins nicht nur über eines der urtümlichsten Tiroler Bergdörfer, sondern ging auch wegen der Trinser Endmoräne, nach der das Gschnitzstadium benannt ist, in die Erdgeschichte ein. Im *Navistal* findet man in der *Burgkapelle* von *Aufenstein* besonders bedeutsame frühgotische Fresken.

SEHENSWERTES

Matrei
Seit der Hauptverkehr über die Brennerautobahn fließt, kann die älteste Siedlung des Wipptals ihren malerischen Charme wieder in vollem Glanz erstrahlen lassen. Die hübsch bemalten Hausfassaden sowie die vielen schmiedeeisernen Wirtshausschilder verleihen dem Ort ein gewisses mittelalterliches Flair. Von Matrei aus ist das Wallfahrtskirchlein *Maria Waldrast* zu Fuß zu erreichen. Es liegt am Fuß des Serles, dessen Gipfel Goethe den »Hochaltar von Tirol« nannte.

Insider Tipp

St. Magdalena im Gschnitztal
Den Blick von der sagenumwobenen Felsenkanzel von St. Magdalena genießen Sie vom 1664 m hoch gelegenen Magdalenenkirchlein mit seiner angebauten Einsiedelei aus. Sie erreichen sie von Gschnitz aus in einem anderthalbstündigen Fußmarsch.

ESSEN & TRINKEN

Schupfen
In Volksheld Andreas Hofers einstigem Hauptquartier befindet sich heutzutage ein großer Weinkeller mit deftiger und sehr schmackhafter Bauernküche, Marke Schlutzkrapfen & Co. *Di geschl., Mutters, Unterberg 5, Tel. 0512/56 24 26,* €€

ÜBERNACHTEN

Maria Waldrast
Klostergasthof in Matrei aus dem 17. Jh. mit 22 Zimmern. *Tel. und Fax 05273/62 19,* €

AUSKUNFT

Tourismusverband Wipptal
Steinach am Brenner, Brenner Str. 67, Tel. 05272/62 70, Fax 21 10, www.wipptal.at

Zwischen Fernpass, Lech und Zugspitze

Ein abgelegener und stiller Landstrich – auch heute noch

Außerfern – das ist weniger eine geografische Bezeichnung als ein Synonym für all jene Teile Tirols, die jenseits des jahrhundertelang als besonders unwegsam geltenden Fernpasses lagen. Heute ist dieser Teil Tirols identisch mit dem politischen Bezirk Reutte. Die Stadt gilt neben Kufstein als das zweite Tor von Deutschland nach Tirol. Das Lechtal ist wie das bei Reutte abzweigende Tannheimer Tal sehr schön und noch einigermaßen unberührt. Und der Lech erweist sich als reißender, wildromantischer Fluss.

EHRWALD

[110 B4] Wenn man den Fernpass überquert hat, ist ein Abstecher in die Ortschaft Ehrwald (2580 Ew.) ein Muss, auch wenn sie nicht direkt an der Bundesstraße nach Reutte liegt. Der Grund ist ein zweifacher: die Idylle des Handwerkerdörfchens und die malerische Lage am Fuß der Zugspitze, von der neben Ludwig Ganghofer auch der Dirigent Clemens Krauss

Idyllisch im Lechtal gelegen: das kleine Dorf Steegs

Von Juni bis Oktober stehen in Tirol viele Alpenblumengärten in Blüte

stark angezogen war. 1926 mit der Eröffnung der Zugspitzbahn begann Ehrwalds touristische »Karriere«.

MUSEUM

Heimatmuseum
Neben bäuerlichen Gerätschaften sind Fundgegenstände aus Römergräbern ausgestellt. *Innsbrucker Str. 22, Mi 17–19 Uhr, Tel. 05673/ 26 77, Eintritt frei, eine kleine Spende ist erwünscht*

ESSEN & TRINKEN

Grüner Baum
Sympathisches Ambiente, gepflegte Küche, ganztags kalte und warme Imbisse. *Di geschl., Innsbrucker Str. 2, Tel. 05673/23 02, www.gruenerbaum.com,* €€

Das Schnitzhandwerk hat im Lechtal Tradition

EINKAUFEN

Echten *Goaßkas* (Ziegenkäse) von der Alm erhalten Sie bei Barbara und Peter Sentflechner. Als besondere Spezialität gibt's Speiseeis aus Ziegenmilch. *Hölzli bei Ehrwald, Mo–Fr 17–19 Uhr, Tel. 05673/ 39 31*

ÜBERNACHTEN

Insider Tipp

Spielmann

Im Schatten des Wettersteinmassivs steht dieses Hoteljuwel. Es ist nach dem Ehrwalder Skipionier Reinhard Spielmann benannt. *40 Zi., Wettersteinstr. 24, Herbst und Frühjahr jeweils mehrere Wochen geschl., Tel. 05673/22 25, Fax 222 55, www.hotel-spielmann.com,* €€–€€€

FREIZEIT & SPORT

Zwischen gemächlichem Radeln und herausforderndem Biken ist auf mehreren ausgeschilderten Touren unterschiedlicher Schwierigkeitsgrade alles möglich. In der phantastischen Bergwelt sind auch mehr als ein Dutzend gut ausgewiesener Wanderwege angelegt.

AUSKUNFT

Tourismusverband Ehrwald-Zugspitze

Kirchplatz 1, Tel. 05673/23 95, Fax 33 14, www.tiscover.at/ehrwald

ZIELE IN DER UMGEBUNG

Lermoos **[110 A4]**

Der einstige Hauptort des Lermooser Beckens (3,6 km) ist vor allem wegen der barocken Katharinenkirche und dem schönen Friedhof mit wertvollen Rokokokreuzen sehenswert.

Das *Sporthotel Loisach* wartet mit Charme und Tradition auf, und der Hausherr steigt mit den Gästen in die Berge. *18 Zi., Unterdorf 6, Tel. 05673/23 94, Fax 23 94 84, www.sporthotel-loisach.at,* €€ *bis* €€€

Insider Tipp

St. Josefskirche **[110 A3]**

★ Die St. Josefskirche in Bichlbach (12 km von Ehrwald entfernt) ist die einzige bis heute erhaltene Zunftkirche Österreichs. In ihr wurden bis 1848 die Zunftladen aufbewahrt und die Handwerker »freigesprochen«.

REUTTE UND DAS LECHTAL

[108–109 B–E 2–5] Die hübsche Stadt liegt auf 854 m und besticht durch die zahlreichen Barockhäuser im Zentrum, deren Fassaden kunstvoll bemalt sind. Der geschäftige Hauptort (6100 Ew.) des Lechtals wie des gesamten Außerferns ist ein beliebter Ausgangspunkt für Ausflüge und Wandertouren, vor allem ins Lechtal. Diese breite Talkerbe zwischen Lechtaler und Allgäuer Alpen zählt zu den schönsten Flusslandschaften der Ostalpen.

SEHENSWERTES

Ehrenberg

★ Die Burgruine bei Reutte wird revitalisiert und stellt derzeit die größte Tiroler Kulturbaustelle dar. Ein multimediales Spektakel lässt die Geschichte der einst großen und stolzen Festung wieder aufleben und schickt die staunenden Besucher auf eine Zeitreise durch sieben Jahrhunderte. *Im Sommer Di und Do ab 17 Uhr, www.ehrenberg.at*

Elbigenalp

Im Heimatort der Geierwally gibt es Theateraufführungen im Freien zu beklatschen, Tirols einzige *Gästeschnitzschule (Auskunft unter Tel. 05634/62 26, www.schnitzschule.at)* und das *Falger-Museum* zu besuchen. Ausgestellt ist der Nachlass des Malers und Lithografen Johann Anton Falger (1791 bis 1876) und die Geschichte der Holzschnitzkunst *(Besichtigung auf Anfrage Tel. 05634/62 10)*. Leckeren Fisch können Sie in der kleinen, wirklich gemütlichen *Fischerstube* mit eigenem Forellenteich essen. *Untergrünau 9, Reservierung nötig, Tel. 05634/66 87,* €–€€

Insider Tipp

Holzgau

Insider Tipp

Das »Dorf der Lüftlmalerei« kann unter freiem Himmel mit Anschauungsmaterial dienen. Im prächtigsten davon ist das *Heimatmuseum* untergebracht. Es birgt eine umfangreiche Sammlung über bäuerliches Leben. *Info Tel. 05633/53 56*

Stanzach

Die Ortschaft am Eingang zum wildromantischen Namlostal gilt als Zentrum der Tiroler Teppichweberei. Das *Almdorf Fallerschein* ver-

MARCO POLO Highlights »Außerfern«

★ **St. Josefskirche**
Österreichs einzige erhaltene Zunftkirche (Seite 72)

★ **Ehrenberg**
Die Ruine einer der göߧten Burgen Tirols erzählt ihre bewegte Geschichte (Seite 73)

★ **St. Nikolauskirche**
Große Dorfkirche in Tannheim mit berühmtem Löffler-Geläut (Seite 75)

fügt über 40 alte Blockhütten und außerdem über eine ganz und gar stilechte Sennerei *(Auskunft Tel. 05632/66 05)*.

MUSEUM

Grünes Haus

Schönes Heimatmuseum mit den Schwerpunkten Barockmalerei, Klosterkunst, Zunftwesen und bürgerliches Wohnen im 18. und 19. Jh. *Untermarkt 25, Reutte, April–Okt. Di–So 10–12 und 14–17 Uhr, Eintritt 1,80 Euro*

ESSEN & TRINKEN

Goldene Krone

Im schönen Gastgarten sitzt man wie in der heimeligen Stube und bekommt gute Tiroler Hausmannskost aber auch Gutbürgerliches zu essen. *Mi geschl., Obermarkt 46, Reutte, Tel. 05672/623 17,* **€€**

Klause

Sympathischer Landgasthof, in den man auf eine Brotzeit einkehren kann. *Mo geschl., Reutte-Klause, Klause Nr. 2, Tel. 05672/622 13,* **€**

ÜBERNACHTEN

Insider Tipp **Das Beck**

Modernes kleines Haus, ideal als »Basislager« für Ausflügler. *16 Zi., Untermarkt 11, Reutte, Tel. 05672/625 22, Fax 625 22 35, www.tiscover.at/das.beck,* **€€**

Goldener Hirsch

Zentral gelegenes Haus, seit Jahrhunderten in Familienbesitz. *49 Zi., Mühler Str. 1, Reutte, Tel. 05672/62 50 80, Fax 62 50 87, www.tiscover.at/goldener-hirsch,* **€€**

FREIZEIT & SPORT

Wildwassersport-Fans kommen am Oberlauf des Lechs voll auf ihre Kosten. *Lechtaler Wildwasserschule, Häselgehr, Ebele 209, Tel. 06764/72 53 37, www.funrafting.at*

Die Gegend ist ideal für Nordic Walker.

AUSKUNFT

Ferienregion Reutte

Untermarkt 34, Tel. 05672/623 36, Fax 654 22, www.reutte.com

ZIELE IN DER UMGEBUNG

Heiterwanger und Plansee **[109 F3]**

Was auf der Karte wie zwei Seen aussieht, ist – zumindest für die Seeschifffahrt – nur einer. Da der 3 km lange Heiterwanger See und der 6 km lange Plansee durch einen Kanal miteinander verbunden sind, herrscht zwischen den berühmten Hotels, dem *Fischer am See,* dem *Seespitz* und der *Forelle,* reger Personenverkehr zu Wasser.

Urisee **[109 F3]** Insider Tipp

Der Urisee ist ein heißer Tipp für Angler und Taucher. Während die einen hier vor allem während der Woche Forellen, Saiblinge, Spiegelkarpfen und Schleien angeln, tauchen die anderen im glasklaren Wasser, wo Felsformationen bis in Tiefen von knapp 40 m reichen.

TANNHEIMER TAL

[109 D–E 2–3] In Weißenbach am Lech zweigt vom Lechtal das Tannheimer Tal ab. Es ist die dem

Schwabenland am nächsten gelegene Tiroler Region mit den Hauptorten Tannwald, Schattwald, Zöblen, Tannheim, Grän und Nesselwängle. Durchflossen wird diese Talschaft, die sich auf einem etwa 40 km langen Rundwanderweg auch zu Fuß durchwandern lässt, von der Nesselwänger Achc.

SEHENSWERTES

Haldensee

2 km nordwestlich von Nesselwängle liegt dieser ebenso malerische wie fischreiche Bergsee mit prächtigem Bergpanorama.

St. Nikolauskirche

★ Das Gotteshaus in Tannheim ist ein Nachbau der Innsbrucker St. Jakobskirche. Es besitzt das einzige noch vollständige Geläut des Glockengießers Gregor Löffler.

Insider Tipp **Vilsalpsee**

Durch ein Nebental des Tannheimer Tals gelangen Sie zu dem mitten in den Allgäuer Alpen gelegenen Naturschutzgebiet Vilsalpsee, das von zahlreichen Zweitausendern umringt ist und einen prachtvollen Blick auf das Gaishorn eröffnet. *Zufahrt 10–17 Uhr für Pkw gesperrt. Transport mit öffentlichen Bussen.*

ESSEN & TRINKEN

Zum Ritter

In der ehemaligen Taverne der Augsburger Bischöfe in Tannheim lässt es sich angenehm tafeln. *Tgl., Tel. 05675/62 18,* €€

ÜBERNACHTEN

Waldesruh

Bauernhofpension bei Tannheim. *6 Zi., Untergschwend 1, Tel. 05675/63 11, Fax 202 25, www.tiscover.at/waldesruh,* €

AUSKUNFT

Tourismusverband Tannheimer Tal

Tannheim 110, Tel. 05675/622 00, Fax 6220 60, www.tannheimertal.com

Boot fahren oder wandern? Am Haldensee können Sie beides

Jenseits des Großvenedigers

Nordtirol und Osttirol haben zwar keine Grenze, aber sonst vieles gemeinsam

Es gibt verschiedene Möglichkeiten, von Nordtirol nach Osttirol zu gelangen. Die landschaftlich wahrscheinlich schönste Variante führt über den Gerlospass oder den Pass Thurn zunächst in den Salzburger Pinzgau und von dort auf die Großglockner-Hochalpenstraße und über das Obere Drautal nach Osttirol. Nur eine Möglichkeit gibt es nicht: von Nordtirol direkt nach Osttirol zu fahren. Wie ein Horn schiebt sich das Südtiroler Ahrntal zwischen Nord- und Osttirol.

Die berühmten Osttiroler Täler, das Pustertal, das Defereggen- und das Virgental, sowie das in die Bergkulisse der Dolomiten reizvoll eingebettete Lienzer Becken sind gewissermaßen der gemeinsame Nenner aus den hochgebirgigen Regionen Nordtirols und der Lieblichkeit Südtirols. Ein großer Teil Osttirols ist überdies Teil des *Nationalparks Hohe Tauern.*

Vor allem jedoch hat sich Osttirol als Eldorado für Wanderer und Bergsteiger sowie Sportler aller Art gemacht. Die Lienzer Dolomiten werden mit Recht als überaus

Im Nationalpark Hohe Tauern wirken die Urgewalten

Typisches Bauernhaus in Matrei

schneereiches Skiparadies gerühmt. Und an klaren Sonnentagen geben sich am blauen Himmel die Paragleiter und Drachenflieger ein Stelldichein.

LIENZ

[123 E5] Als »Schmuckkästchen in einer vor allem bergigen und waldreichen Gegend« hat Paolo Santonino, der Tagebuch schreibende Sekretär des Bischofs von Caorle, Lienz schon im 15. Jh. bezeichnet. Daran hat sich bis heute nicht allzu viel geändert. Lienz (13 000 Ew.), das auf eine 2000-jährige Geschichte zurückblicken kann, ist das pulsierende Zentrum dieser Landschaft geblieben und präsentiert sich, wenn politisch auch nur

Lienz' Altstadt hat den Charme vergangener Jahrhunderte bewahrt

als Bezirkshauptstadt klassifiziert, in Wahrheit doch quasi als heimliche Landeshauptstadt.

SEHENSWERTES

Altstadt

Am Zusammenfluss von Drau und Isel liegt die Altstadt. Der große *Hauptplatz* wird von einer Reihe schöner alter Bürgerhäuser beherrscht, die heute zum Teil als Hotels dienen. An seiner Ostfront finden Sie ein eindrucksvolles barockes Gotteshaus, die *Spitalkirche St. Josef.* Den Süden des Platzes begrenzt die von den Wolkensteinern errichtete *Liebburg,* die einst Amtshaus war und heute als Kulturzentrum dient. Sehenswert sind vor allem auch die *Michaels-* und die *Franziskanerkirche* sowie, als kulturhistorisch wohl wichtigstes Gebäude der Stadt, die etwas abseits vom Stadtzentrum gelegene *Pfarrkirche St. Andrä.* Sie gilt in Fachkreisen als einer der bedeutendsten spätgotischen Sakralbauten Tirols und geht in ihren Grundfesten auf die Romanik zurück. Unter dem Chor befindet sich eine Krypta.

Schloss Bruck

★ Schon im 13. Jh. bauten die Grafen von Görz an strategisch bedeutender Position einen stolzen Ansitz auf die hoch über Isel und Drau thronende Felskuppe. Noch heute hat das Schloss mit seinem Söller und den vielen Zinnen das Aussehen einer veritablen Ritterburg. Ein kunsthistorisches Kleinod der Anlage ist die alte *Burgkapelle* mit ihrem romanischen Kern, dem romanischen und gotischen Freskenschatz sowie dem *Görzer Altar* aus der berühmten Pacherschule.

MUSEUM

Museum der Stadt Lienz

Das Heimatmuseum ist im Schloss Bruck eingerichtet, das 1943 in den Besitz der Stadt kam. In über 40 Schauräumen sind eine Fülle kultur- und kunsthistorischer Stücke zu bestaunen. Außerdem ist hier die bedeutendste Sammlung an Werken von Albin Egger-Lienz untergebracht. *Schlossberg 1, Mai bis Okt. Di–So 10–18 Uhr, Führungen nach Anmeldung, Tel. 04852/625 80, Eintritt 8 Euro*

ESSEN & TRINKEN

Insider Tipp **Falkenstein**
Am Stadtrand Richtung Sillian gelegener Braugasthof mit famosem hauseigenem Bier und regionalen Spezialitäten. *Tgl., Pustertaler Str. 40, Tel. 04852/622 70, €*

Moarhofstüberl
Ruhig am Stadtrand und mitten im Grünen gelegen. Solide Küche aus heimischen Produkten. *Tgl., Moarfeldweg 18, Tel. 04852/675 67, €€*

Neuwirt
Gasthof mit historischer Taverne. Im Garten können Sie frische Forellen genießen. *Tgl., Schweizergasse 22, Tel. 04852/621 01, €–€€*

EINKAUFEN

Bauernmarkt
Ein hausgebrannter Preglerschnaps wird u. a. auf dem Osttiroler Bauernmarkt in Lienz feilgeboten. *Stadtsaalpassage, Sa 8–12 Uhr*

Lammspezialitäten
Spezialitäten aus Lammfleisch und Lammfelle (auch mit Naturfarben gefärbte) finden Sie beim Villgrater Naturprodukteverkauf in Innervillgraten 116. Auch Führungen auf dem Schafbauernhof. *Mo wird geschlachtet, Tel. 04843/55 20, www.villgraternatur.at*

ÜBERNACHTEN

Goldener Stern
Familiär geführte Frühstückspension, direkt am Fluss gelegen. *13 Zi., Schweizergasse 40, Tel./Fax 04852/621 92, www.tiscover.at/goldener.stern, €*

Gribelehof
Fünf Minuten oberhalb von Schloss Bruck gelegen mit schönster Sicht auf Lienz und Streichelzoo, einfachen Zimmern, echter Tiroler Küche und einer Bauernstube von 1771. *24 Zi., Schlossberg 10, Tel. 04852/621 91, Fax 700 30, www.gribelehof.com, €€*

MARCO POLO Highlights »Osttirol«

★ **Schloss Bruck**
Lienz' mächtige Burg der Grafen von Görz (Seite 78)

★ **Aguntum**
Ausgrabungen eines römischen Dolomitenstädtchens bei Lienz (Seite 80)

★ **Defereggental**
Das Bilderbuchtal mit den berühmten Fresken von St. Jakob (Seite 82)

★ **Kals**
Malerische Bergdorf am Fuß des Großglockners (Seite 82)

★ **Umbalfälle**
Beeindruckendes Wasserschauspiel (Seite 83)

★ **Virgental**
Das Tal in dem der »Virgener Widder« geschlachtet wird (Seite 83)

Traube
Romantikhotel direkt am Lienzer Hauptplatz. Gemütliche Zimmer, eigenes Fischwasser und sehr gute Küche. *53 Zi., Hauptplatz 14, Tel. 04852/644 44, Fax 641 84, www.tiscover.at/romantikhoteltraube,* €€–€€€

FREIZEIT & SPORT

In der unmittelbaren Umgebung von Lienz gibt's wunderschöne Wanderwege und nach Schwierigkeitsgraden gut differenzierte Biketouren. Auch wer Wildwasserspaß liebt, kommt auf seine Kosten: Rafting, Kanu, Kajak, Canyoning und Hochseilgarten. *Information bei Outdoor Camp Osttirol, Ainet, Tel. 04853/200 30, www.osttirol-adventures.at*

Ideales Gebiet für Sportfischer: Der Oberlauf der Drau gilt als mächtigster Äschenfluss Tirols.

AM ABEND

Billard
Wer nicht gern tanzt, kann in Lienz auch Billard spielen. *Amlacher Hof, Amlach 5, Tel. 04852/623 17*

Dolomitenkeller
Beliebte Disko im Hotel Dolomit, die aber nicht ganzjährig in Betrieb ist. *Tgl., Dolomitenstr. 2, Tel. 04852/629 62*

AUSKUNFT

Tourismusverband Lienzer Dolomiten
Europaplatz 1, Tel. 04852/652 65, Fax 65 26 52, www.lienz-tourismus.at

Aguntum: ausgegrabener Torbogen

ZIELE IN DER UMGEBUNG

Aguntum **[123 E5]**
★ Die römischen Ausgrabungen (5 km von Lienz) zeugen von einer der frühen antiken Siedlungen der Ostalpen, die im 5. Jh. von den Hunnen in Schutt und Asche gelegt und seit dem 18. Jh. systematisch wieder freigelegt wurden. Besonders sehenswert sind das alte Handwerkerviertel, die frühchristliche Grabkapelle sowie die gesammelten Fundgegenstände im neuen archäologischen Museum »aguntum vita romana«. *Mai Mo–Fr 9.30–16, Juni–Mitte Sept. tgl. 9.30–18, Mitte Sept.–Mitte Okt. So–Fr 9.30–16 Uhr, Eintritt 5 Euro, www.aguntum.info*

Lavant **[123 E5]**
Fliehburg, Keltentempel und frühchristliche Kirchenanlage aus dem 4. Jh. (10 km von Lienz). Hierher floh die Bevölkerung von Aguntum nach dessen Zerstörung durch

die Hunnen. Die eindrucksvollen Ausgrabungen liegen in einer landschaftlich reizvollen Umgebung.

Insider Tipp **Tristacher See** [123 E5]
Der idyllisch gelegene Bergsee, ca. 5 km südlich von Lienz, ist mit seiner angenehmen Wassertemperatur der einzige Badesee Osttirols.

MATREI

[122 C3] Nicht nur das Standbild eines Senators Popaius aus dem 1. Jh. auf einer Porträtsäule beweist: Wer Matrei (4900 Ew.) einen Besuch abstattet, wandelt auf ältestem Kulturboden. Immerhin handelt es sich bei dieser Grabstele, die heute noch im Matreier Vorort Bichl (Haus Nr. 5) zu sehen ist, um die älteste Porträtdarstellung des östlichen Alpenraums. Dass die Menschen in Matrei eine raue Schale haben, hat ebenfalls einen historischen Grund. Er ist in den harten Bedingungen des bäuerlichen Lebens in den hier besonders steil gelegenen Bergbauerngehöften zu suchen und im Jahrhunderte währenden Kampf gegen die Übermacht der Natur. Immer wieder wurde die Gemeinde von katastrophalen Mureinbrüchen heimgesucht.

MUSEUM

Nationalparkhaus
Im 2002 eröffneten Museum des Nationalparks Hohe Tauern wird eine natur- und kulturgeschichtliche Dauerausstellung gezeigt. *Juli bis Sept. Mo–Sa 10–18, Okt. Mo–Fr 10–12 und 14–18, Jan.–Juni Mo–Fr 14–18 Uhr, Kirchplatz 2, Eintritt frei, www.hohetauern.at*

ESSEN & TRINKEN

Zur Alten Mühle
Uriges Holzhaus, in dem ausschließlich Tiroler Spezialitäten angeboten werden und wo selbst gebackenes Bauernbrot auf den Tisch kommt. *Tgl., Gereitstr. 1, Tel. 04875/64 08, €*

Strumerhof
Auf über 1400 m Höhe mit herrlichem Talblick gelegen, bietet das gemütliche Ausflugsgasthaus, urige Osttiroler Bergkost. *Tgl. ab 11 Uhr durchgehend warme Küche, Hinteregg Nr. 1, Tel. 04875/63 10, €*

EINKAUFEN

Viele Bauernhöfe bieten Produkte ab Hof an. Auch echte – und manchmal leider auch nicht ganz so echte – Volkskunst wird an vielen Stellen verkauft.

Bauernmarkt
In Matrei findet jeden September der *Mathiasmarkt* statt. Er ist Osttirols größter Bauernmarkt und einen Besuch wert. *21. Sept. (wenn kein Sonntag), sonst auch von Juni–Sept. Mi und Fr nachmittags und Sa vormittags*

ÜBERNACHTEN

Rauter
Das eher moderne, gut geführte Hotel gilt seit vielen Jahren als das erste Haus am Platz. Es bietet neben einer hauseigenen Reit- und Tennishalle ein Fischwasser sowie ein anerkanntes Gourmetrestaurant. *50 Zi., Rauterplatz 3, Tel. 04875/66 11, Fax 66 13, www.hotel-rauter.at, €€–€€€*

Schafschur im Defereggental

Sonne

In dieser kleinen, familiär geführten Pension kann man bestens entspannen. Unterhaltung und Badespaß gibt's im dazugehörigen Hotel Outside. *12 Zi., Virgil-Rainer-Str. 8, Tel. 04875/66 10, Fax 661 07,* **€–€€**

AUSKUNFT

Tourismusverband Nationalparkregion Hohe Tauern Osttirol

Rauterplatz 1, Tel. 048 75/65 27, Fax 65 27 40, www.tiscover.at/matrei-osttirol

ZIELE IN DER UMGEBUNG

Defereggental **[122 A–C4]**

★ 30 Almen und der größte Zirbelkieferwald der gesamten Ostalpen bestimmen dieses 40 km lange Tal, in dessen Mitte – in der Ortschaft *Hopfgarten* – einst auch ein großes Bergbaurevier lag. Eine sehr empfehlenswerte Einkaufsadresse für Schnitzereien ist die *Holzbildhauerei Blassnig (Tel. 04872/52 66, www.blassnig.at).*

Im Defereggental finden Sie das höchstgelegene Erholungsdorf Österreichs, das 1500 m hohe *St. Veit.* Einen der schönsten Panoramablicke Osttirols genießen Sie von der *Filialkirche St. Leonhard* bei St. Jakob aus (deren Fresken stammen aus dem 15. Jh.). Übernachten im *Alpengasthof Pichler, 19 Zi. und 4 Ferienwohnungen, Gsaritzen 13, Tel. 04879/311, Fax 31 11, www.tiscover.at/pichler,* **€**

Kals **[123 D3]**

★ Direkt am Fuß des Großglockners, des höchsten Gipfels in Österreich, liegt dieses aus schönen alten Holzhäusern bestehende Dorf, das auch der Ort der ersten steinzeitlichen Ausgrabungen in Osttirol war. Der 1952 gefundene Hammer aus dem Neolithikum befindet sich heute im kleinen *Heimatmuseum (Di und Sa 16–18 Uhr).* Besonders sehenswert sind auch die historischen *Stockmühlen* am Dorferbach. *Schaubetrieb Mitte Juni bis Sept. Do 14–17 Uhr, Auskunft Tel. 04876/83 84).* Der *Taurerwirt* ist ein ob seiner grundsoliden ländlichen Küche weithin gerühmter Gasthof im Dorfertal *(tgl., Burg 12, Tel. 04876/82 26, Fax 82 26 11, www.taurerwirt.at,* **€€***).*

St. Nikolauskirche **[122 C3]**

3 km südlich von Matrei liegt, mitten in dem kleinen Weiler Ganz, eine kunsthistorische Rarität: Das Nikolauskirchlein zählt nämlich zu den wenigen völlig erhaltenen romanischen Chorturmkirchen Tirols und beeindruckt mit einem Freskenschatz aus dem 13. Jh., der

u. a. in volkstümlicher Darstellung die Erschaffung der Welt erzählt.

Umbalfälle **[122 A3]**

★ Genauso eindrucksvoll wie heiß umstritten sind die berühmten Umbalfälle am Ende des Virgentals, 25 km von Matrei entfernt, eines der beeindruckendsten Naturschauspiele im Nationalpark Hohe Tauern. Sie laufen Gefahr, einem geplanten Kraftwerksprojekt zum Opfer zu fallen. Um gegen die Zerstörung dieser Naturschönheit vorzugehen, haben die Einheimischen auch einen Lehrpfad angelegt, der auf die ökologische Situation der Wasserversorgung in den Ostalpen hinweisen soll. *Mai–Okt. bei Tageslicht.*

Für eine Jause nach dem Besuch des Wasserlehrpfads Umbalfälle eignet sich gut der *Groderhof.* Er ist ein idealtypisches altes Berggasthaus am Eingang des Umbaltals, in dem noch ein altes Feldtelefon erhalten ist *(tgl., Prägraten, Hinterbichl 18, Tel. 04877/630 30, www.groderhof.at, €).*

Virgental **[122 A–C3]**

★ Direkt am Fuß der Burg Weißenstein bei Matrei beginnt diese idyllische Osttiroler Talschaft. Der *Hauptort Virgen* verfügt noch über eine im Kern romanische *Pfarrkirche* mit einem ebenfalls romanischen Taufbecken. Empfehlenswert ist auch ein Abstecher auf die nahe *Ruine Rabenstein,* den einstigen Gerichtssitz der Grafen von Görz, mit ihren Freskenresten, die aus dem 14. Jh. stammen. Zwei weitere christliche Kultstätten von überregionaler Bedeutung sind die *Allerheiligenkapelle* in *Göriach* sowie die berühmte *Wallfahrtskirche Maria Schnee* (Insider Tipp) in *Obermauern,* zu der alljährlich die Virgener Widderprozession mit ihrem – natürlich nur symbolischen – Schlachtopfer führt. Familiäre Atmosphäre und gute ländliche Küche finden Sie beim *Neuwirt* in Virgen. Der mit einem barocken Fassadenfresko und schönen Erkern geschmückte Gasthof mit dem gotischen Baukern wurde schon 1604 als Taverne geführt *(12 Zi., Virgen 34, Tel. und*

Gletscherschliff

Im Nationalpark Hohe Tauern kann man einen Blick zurück in die Eiszeit werfen

Es waren die wiederholten Gletschervorstöße im Eiszeitalter, die den Hohen Tauern ihre Oberflächenform gaben. Ein besonders schönes Beispiel eines Gletscherschliffs ist am Gletschertor des Schlatenkeeses in der Venedigergruppe zu bewundern. Die Keespalfen, wie sie von den Einheimischen genannt werden, bestehen aus glattem Gneis und sind mit Aplitadern durchzogen. Sie vermitteln sehr anschaulich, wie die Landschaft nach dem Rückzug der Eiszeit ausgesehen haben mag. Der Aufstieg, von Juni bis Oktober möglich, beginnt beim Matreier Tauernhaus **[122 B1]** und dauert etwa 3 Stunden. Gute Kondition ist mitzubringen.

Auf der Hochebene Zedlacher Paradies steht man über den Wolken

Fax 04874/52 17, €–€€). Das Insider Tipp *Zedlacher Paradies* ist ein zauberhafter Lärchenwald, einer der ältesten Lärchenbestände Tirols mit Bäumen, die über 500 Jahre alt sind. Für den erholsamen Spaziergang sollten Sie sich ausreichend Zeit nehmen. Auf dem *Bartlerhof, Zedlach Nr. 8 und 9, Tel./Fax 04874/56 09,* wohnen Sie auf einem Gesundheitsbauernhof, wo Sie Wissenswertes über Natur und Gesundheit erfahren können.

SILLIAN UND DAS PUSTERTAL

[122–123 B–D 5–6] Das Hochpustertal, wie dieser Abschnitt zwischen Lienz und der Grenze zu Italien richtig heißt, erstreckt sich zwischen den Villgrater Bergen, dem Karnischen Kamm und den Dolomiten und bietet wegen seiner Abgeschiedenheit und Urtümlichkeit Erholungsmöglichkeiten, die anderswo erst wieder geschaffen werden mussten.

Sillian, Grenzort zu Italien, liegt auf 1100 m und eignet sich gut als Basisstation, um das Tal auf Wanderwegen bis in Höhen von knapp 3000 m zu erkunden. Während man hier gemütlich von Almhütte zu Almhütte wandert, ist der Trubel »in der Welt draußen« schnell vergessen.

SEHENSWERTES

Heinfelser Punbrücke Insider Tipp

Die älteste Hängebrücke Tirols (3,5 km von Sillian) führt am Fuß der Burg Heinfels bei Sillian über den Villgraterbach. Sie ist 86 m lang, besteht aus drei Hängewerken und wurde 1781 von schwäbischen Zimmerleuten erbaut.

Korbiniankirche
Das Gotteshaus aus dem 15. Jh. am Eingang des Pustertals in Thal (25 km von Sillian entfernt) ist mit drei gotischen Seitenaltären und einer Madonna aus dem 15. Jh. bestückt. Gut untergebracht sind Sie im *Sonneckhof*, in sonniger Lage und mit familiärer Betreuung. *6 Zi., Thal-Assling, Tel. 04855/82 46, Fax 693 97, www.tiscover.at/sonnenhof,* €

Wildpark Assling
Auf 80 000 m² Fläche kann man auf einem landschaftlich besonders bezaubernden Areal zwischen Thal und Mittewald 100 Alpentiere in freier Wildbahn beobachten. *Mai–Okt. tgl. 9 Uhr bis Einbruch der Dunkelheit, Eintritt 5 Euro, Tel. 0664/420 72 82, www.wildpark-assling.at*

ESSEN & TRINKEN

Insider Tipp

Sprenger
Ein Wirtshaus wie im Bilderbuch, inmitten von Wald und Wiesen und fünf Gehminuten vom Ortszentrum entfernt, gelegen. Hier wird mit Produkten aus der unmittelbaren Umgebung gekocht. *Mi geschl., Nr. 201 g, Sillian, Tel. 04842/620 40,* €

ÜBERNACHTEN

Kiniger
Das Gästehaus mit sehr gemütlichen Zimmern liegt mitten in Sillian. *23 Zi., Nr. 115 a, Tel. 04842/65 76, Fax 657 68, www.kiniger.com,* €

Sporthotel Sillian
Hier wird Wellness ganz groß geschrieben, bei den Behandlungen kommen hauptsächlich Osttiroler Heilerde, Heubäder und das sehr wirksame Latschenkieferöl zum Einsatz. *125 Zi., Tel. 04842/601 10, Fax 60 13, www.sporthotel-sillian.at,* €€€

AUSKUNFT

Tourismusverband Hochpustertal
Sillian Nr. 86, Tel. 04842/66 66, Fax 66 66 15, www.hochpustertal.com

ZIELE IN DER UMGEBUNG

Innervillgraten **[122 B5]**
Der Ort im Villgratental (11 km von Sillian entfernt) zählt zu den schönsten Flecken und beliebtesten Erholungsorten Osttirols. Weithin bekannt ist der *Gannerhof*. Das alte Bauernhaus aus dem 17. Jh. beherbergt heute gemütliche Gästezimmer und ist mit seinen holzvertäfelten Stuben und schönen Kachelöfen weithin bekannt. *15 Zi., Innervillgraten 93, Nov.–15. Dez. und von kurz nach Ostern bis Mai geschl., Tel. 04843/52 40, Fax 55 06, www.gannerhof.at,* €).

Insider Tipp

Lesachtal **[122–123 B–D6]**
Eines der abgelegenen und durch den Tourismus noch weitgehend unerschlossenen V-Täler der Ostalpen (5 km von Sillian) bildet der Oberlauf der Gail, der wegen seines Waldreichtums nach dem keltischen Wort *lesach* (= Holz) benannt wurde. Das Tal dient als Pforte zum Kletterparadies der Lienzer Dolomiten und Karnischen Alpen. Die schönsten Ortschaften auf Osttiroler Boden sind zweifellos *Kartitsch* sowie *Ober-* und *Untertilliach*.

Berge, Betbänke und Brauchtum

Die Touren sind in der Karte auf dem hinteren Umschlag und im Reiseatlas ab Seite 108 grün markiert

1 VON INNSBRUCK INS ÖTZTAL

Rundtouren gibt es in Tirol nur ganz wenige, da die meisten Täler durch hohe Berge und Pässe voneinander getrennt sind. Eine der beliebtesten führt von Innsbruck aus ins Sellraintal, weiter über das Kühtai nach Oetz, zum Piburger See und nach einem Abstecher zum Stuibenfall über das Inntal zurück nach Innsbruck. Länge: rund 50 km.

Die Rundfahrt beginnt an der Autobahnausfahrt Zirl Ost, wo Sie über Kematen Richtung Sellrain fahren. Bald steigt die Straße steil an, bis Sie den Hauptort des Tals, *Sellrain,* auf rund 900 m erreichen. Der beliebte Ausflugsort besitzt eine der wenigen gotischen Kirchen des Landes, die unverändert erhalten geblieben sind: die *Pfarrkirche St. Quirin* mit Fresken aus dem 15. und Schnitzereien aus dem 14. Jh.

Wenn Sie hier schon eine kleine Pause machen wollen, wandern Sie von *Gries im Sellrain* (6 km von Sellrain bergauf) durch das *Lüsenstal.* Der Weiler *Lüsens* ist für seine gut erhaltenen Bauernhöfe bekannt. Nur wenige Kilometer von Innsbruck entfernt, finden Sie hier ein fast vergessenes, bäuerliches Idyll vor.

Nach Sellrain erreichen Sie den Ort St. Sigmund im Sellrain. Von hier führt die Straße hinauf ins Hochalpine. *Kühtai* liegt bereits auf 2020 m. Es kommt selbst an schönen Sommertagen nicht selten vor, dass man hier von einem eisigen Bergwind empfangen wird. Der Ort, von Hotels und Liftanlagen dominiert, hat einen schönen Alpenblumengarten mit rund 500 Pflanzen. Nach Kühtai senkt sich das Tal wieder mit einem Gefälle von bis zu 18 Prozent in das Ötztal ab, das Sie in Au bei Oetz erreichen.

Nach der Enge des Kühtais erscheint das Ötztal groß und weit. *Oetz (S. 44),* einer der beliebtesten Orte des Tals, liegt in einer weiten Talstufe. Im *Ötztaler Freilichtmuseum (S. 45)* steht noch ein original erhaltener Bauernhof mit Getreidekasten und Mühle. Etwa 3 km südwestlich von Oetz liegt in einem kleinen Naturschutzgebiet der *Piburger See (S. 45).* Im Waldsee auf

So lebten Menschen früher: Bauernhaus im Ötztaler Freilichtmuseum

Oetz von oben betrachtet

fast 1000 m können Sie zwar baden, das Wasser ist jedoch auch im Sommer entsprechend frisch.

Wollen Sie von hier aus das Ötztal weiter erkunden, sollten Sie sich auf keinen Fall den *Stuibenfall (S. 46)* bei Umhausen entgehen lassen. Der Horlachbach, ein eisiger Gletscherbach, stürzt zwischen Umhausen und Niederthai 150 m in die Tiefe. Ein Wanderweg führt am rauschenden Wasserfall entlang – für Familien mit kleinen Kindern nicht zu empfehlen. Noch mit dem Rauschen des Wasserfalls in den Ohren, können Sie sich in *Niederthai* im *Gasthaus Stuibenfall (Tel. 05255/55 12, €)* mit Tiroler Spezialitäten stärken.

Insider Tipp

Haben Sie nicht so viel Zeit, fahren Sie von Oetz zurück ins Inntal. Auf halber Strecke nach Innsbruck liegt die *Zisterzienserabtei Stams (S. 41)*. Das Stift diente über Jahrhunderte den Tiroler Grafen als Grablege, und die barocke Kirche ist überaus elegant.

2 RUND UM DIE TANNHEIMER BERGE

Vom Inntal durch eine Gebirgskette getrennt und nur über zwei Pässe (den Fernpass oder das Hahntennjoch) erreichbar, lag das Lechtal für die Inntaler jahrhundertelang »außen« und »fern«. Kein Wunder, dass die armen Täler des Außerfern immer enger mit Deutschland verbunden waren als mit Tirol. Die Rundroute durch das Außerfern führt um die Tannheimer Berge und durch drei der schönsten Täler Tirols: das Lechtal, das Vilstal und das Tannheimer Tal. Länge: rund 50 km.

Der Ausflug startet in *Reutte (S. 73)*, dem Hauptort des Außerfern. Bekannt ist die Marktgemeinde für ihre schön bemalten Bürgerhäuser. Von Reutte geht es weiter durch das Lechtal nach Weißenbach am Lech, wo das 20 km lange Tannheimer Tal *(S. 74)* einmündet. Gleich hinter Weißenbach steigt die Straße in Serpentinen zum 1093 m hoch gelegenen Gaichtpass an. An heißen Sommertagen bietet der *Haldensee (S. 75)* bei Nesselwängle Erfrischung und Abkühlung.

Von *Tannheim* führt eine schmale Straße zum *Vilsalpsee (S. 75)* ab. *(Straße von 10–17 Uhr für den*

PKW-Verkehr geschlossen, es verkehren öffentliche Busse und Pferdekutschen.) Dunkel und geheimnisvoll liegt der kleine Bergsee zwischen hohen Bergwänden und saftigen Almwiesen inmitten eines Naturschutzgebiets. Wenn Sie wollen, können Sie den Vilsalpsee auch in einer einstündigen Wanderung von Tannheim aus erreichen.

Zurück Richtung Haldensee, zweigt eine Landstraße Richtung Grän und Enge ab, die über Steinach bei Pfronten einen Abstecher nach Deutschland macht. *Vils,* wieder auf österreichischer Seite, ist eine der ältesten Städte Tirols (es erhielt schon 1327 das Stadtrecht). Von der bedeutenden Vergangenheit als »Freiungsstadt« (hier erhielten Verbrecher Asyl) erzählen nur noch die Ruine der Burg Vilseck sowie zwei Stadttore. Kurz nach dem Ort mündet die Vils in den Lech, einen der wenigen Flüsse Europas, die noch nicht reguliert wurden. Seine breiten Schotterbänke füllen das ganze Tal aus, je nach Laune ist er ein ruhiges Flüsschen oder ein wilder Gletscherbach. Durch das Lechtal geht es zurück nach Reutte.

3 DURCH DAS ZILLERTAL ZUM GOLDSCHAUBERGWERK

An einem sonnigen Tag erleben Sie auf der 32 km langen Strecke von Jenbach bis Hainzenberg einen beeindruckenden Ausschnitt der Tiroler Bergwelt. Bergsichere Fahrer können eine Strecke auf der Zillertaler Höhenstraße zurücklegen. Die Besichtigung des Goldschaubergwerks Hainzenberg dauert 2,5 Stunden. Die Netto-Gehzeit beträgt eine halbe Stunde. Die leichte Wanderung birgt keinerlei Schwierigkeiten – vorausgesetzt, man hat gutes Schuhwerk und etwas wärmere Kleidung parat.

Das Zillertal ist Tirol, wie man es sich im Klischee vorstellt: mit saftigen grünen Wiesen, Berghängen, schroffen Gebirgsmassiven und idyllischen Ortschaften, die dem Ansturm zur Hochsaison nicht immer ganz gewachsen sind. In früheren Zeiten verdankte das Tal seine Bedeutung vor allem seiner verkehrsgünstigen Lage: Durch die Nähe zum Gerlospass war das Zillertal immer schon ein Paradies für Wanderhändler aller Art. Sie brachten Kräuteröle, Kosmetika und Kurzwaren und darüber hinaus das lutherische Gedankengut, das das Zillertal über Jahrhunderte zum bedeutenden Austragungsort für den Kampf zwischen Reformation und Gegenreformation machte. Wesentlichen wirtschaftlichen Auschwung brachten erst die Inbetriebnahme der Zillertalbahn 1901 und der daraufhin aufkeimende Fremdenverkehr.

Wenn Sie mögen, können Sie diesen Ausflug mit einer romantischen Fahrt per Bummelzug beginnen. Andernfalls zweigen Sie mit dem Auto bei Jenbach auf die Bundesstraße 169 ins Zillertal ab, um nach *Schlitters* mit seiner barockisierten *Pfarrkirche zum hl. Martin* bald *Fügen (S. 62)* zu erreichen, eine der ältesten Ansiedlungen im Zillertal. Die gotische *Pfarrkirche Mariä Himmelfahrt* ist einen Zwischenstopp wert, nicht nur weil hier Wolfgang Amadeus Mozart auf der Orgel spielte, sondern weil das Gotteshaus mit frühgotischen Fresken, gotischen Marmorportalen, einer Rosenkranzmadonna von ca. 1440 und einer gotischen Krypta Sehenswertes bietet. Im *Fügener Heimatmuseum (S. 62)* sind altes Handwerksgerät und eine hübsche Mineraliensammlung zu sehen.

Nach den kleinen Orten Stumm und Aschau erreichen Sie *Zell am Ziller*, in dem bis zum 19. Jh. intensiver Bergbau betrieben wurde. Die *Pfarrkirche zum hl. Veit* ist dank ihrer Innenausstattung, ein imposantes Kuppelfresko (1775) mit rund 100 Figuren von Franz Anton Zeiller, ein prächtiger Hochaltar, geschnitzte Apostelfiguren und eine Madonnenfigur von 1730, ein bedeutendes Beispiel Tiroler Sakralkunst. Alt ist auch der Brauch, am ersten Sonntag im Mai mit Umzügen, Tierkämpfen und Wettbewerben im Ranggeln das so genannte *Gauderfest* zu feiern. Dazu fließt das kräftige Gauderbier in Strömen, denn dieses älteste und größte Tiroler Volksfest geht auf ein Privileg der um 1500 gegründeten ältesten Brauerei Tirols zurück. Sollten Sie Zell nicht gerade zu diesem Termin besuchen, werden Sie im *Gasthof Bräu (Dorfplatz 1, Tel. 05282/23 13, €€)* auch ohne das Gauderfest Freude an Bier und Tiroler Hausmannskost haben. An die Zeiten, als in Zell erfolgreich Gold abgebaut wurde, erinnert die *Knappensäule* im Ort, die den thematischen Bogen zum eigentlichen Ziel dieses Ausflugs schlägt: dem *Goldschaubergwerk Hainzenberg.*

Die Gemeinde Hainzenberg liegt südöstlich von Zell am Ziller, am Beginn des Gerlostals, und besaß bereits um 1500 einen beachtlichen Ruf wegen ihres ertragreichen Goldbergwerks, das man bis 1870 betrieb. Heute hat sich die Gegend rund um das Bergwerk zum beliebten Ausflugsziel mit sehenswerten Attraktionen entwickelt.

Eine davon ist die *Zillertaler Schau- und Bergkäserei,* die den Produktionsweg von naturbelassener Alpenmilch (vom eigenen Viehbestand) zu echtem Zillertaler Berg- und Graukäse veranschaulicht. Nach dem Motto »Kosten und schauen« haben Sie hier die Möglichkeit, den Käsereivorgang zu beobachten.

Ganz in der Nähe liegt der *Tierpark Hainzenberg,* in dem Tiere der regionalen Bergwelt in natürlicher Umgebung zu bestaunen sind: Damwild, Rothirsche, Rehe, Gemsen, Steinböcke, Mufflons, Niederwild und eine Menge Kleintiere tummeln sich auf den bergigen Wiesen. Am Kiosk wird quasi nebenbei ein traumhafter Panoramablick ins Zillertal serviert, ehe der Ausflug in die geheimnisvolle Welt der Bergstollen beginnt. Die Führungen finden alle 20 Minuten statt. Startpunkt ist der Tierpark. Von dort führt der erste Weg in die *Knappenkapelle Flörlmoos* – wohl in Nachahmung der Bergleute von einst, die vor jeder Stollenfahrt um himmlischen Beistand bei der oft gefährlichen Arbeit baten. Der Weg führt danach weiter zur *Wallfahrtskirche Maria Rast,* die um 1739 errichtet und 1914 von einem Felssturz arg in Mitleidenschaft gezogen wurde. Doch die Marien-Deckenfresken Josef Michael Schmutzers, den prächtigen Hochaltar aus dem Frührokoko von Stephan Föger sowie den imposanten Gesamteindruck des achteckigen Zentralbaus konnte man retten.

Blick ins Zillertal, das Tirol wie im Bilderbuch repräsentiert

Nach dieser besinnlichen Pause geht es in Richtung Stollen. In Hainzenberg wurde früher sowohl im Tag- als auch im Untertagbau Gold abgebaut. Da man die alten Stollen nicht auffüllte, stürzten sie ein und verliehen der Gegend eine interessante Geländeform. Diese verlieren Sie jedoch bald aus dem Blick, denn nun beginnt die »Einfahrt«, ein Ausdruck aus der Bergmannssprache, der leicht irreführend ist, denn die schaulustigen Besucher legen die Strecke zu Fuß zurück – was einen unmittelbaren Eindruck vermittelt.

Durch den 450 m langen Erbstollen gelangen Sie in die Radstube, von der aus man Erzgestein mit Hilfe eines Wasserrads aus der Tiefe holte. Heute werden im unteren Teil der 20 m hohen Radstube altes Werkzeug und Mineralien gezeigt. Danach erreichen Sie über etliche Stiegen die erste Ebene der Radstube, in der eine Multimediashow nicht nur Berggeister heraufbeschwört, sondern auch über den Goldabbau informiert. Nun trennen die Besucher nur noch 270 m vom Tageslicht – durch den Fahnenschlagstollen, mit 850 m der längste Stollen dieses Gebiets. Der Ausflug endet an der Knappensäule, von wo Sie per Shuttlebus zurückgebracht werden. Die Erlebniswanderung kostet 10 Euro.

Wenn Sie nach so viel Bergluft noch Stadtluft schnuppern möchten, sollten Sie durch *Mayrhofen* *(S. 61)* bummeln. Der Rummel ist dort zur Hauptsaison mitunter gewaltig. Sehenswert ist die barocke *Pfarrkirche Unsere Liebe Frau.* Sie wurde von Clemens Holzmeister-Clemens Holzmeister, dem wichtigen österreichischen Architekten des 20. Jhs., neu errichtet. Das Deckenfresko von Max Weiler zeigt eine Darstellung der Rose von Jericho und unterstreicht die sachliche Architektur.

PRO

Im Königreich der Berge

Neben Pisten und Steilwänden locken vor allem Schluchten und Klammen

Tirol hält mit Abstand den ersten Platz auf der Hitliste der österreichischen Wintersportgebiete. Das Land auf den Wintersport zu reduzieren, ist dennoch unangebracht und würde der Vielfalt an Sportmöglichkeiten keineswegs gerecht werden. Freilich stehen jene Sportarten im Vordergrund, die mit den Bergen harmonieren: Klettern, Biken, Wandern, Rafting oder auch Paragliding.

BERGSTEIGEN & KLETTERN

Für Kletterfans steht mit dem *Kletterzentrum Tivoli* in Innsbruck eine der modernsten und schönsten Kletterhallen Österreichs zur Verfügung *(tgl., Stadionstr. 1, Tel. 0512/ 39 73 40, www.kletterzentrum-tivoli.at)*. Die erste Bergsteigerschule für Frauen bietet z. B. Eiskletterkurse im *Pitztal* oder am *Eisturm Big Ben* in *Mandarfen* an. Übrigens: auch Männer können daran teilnehmen. *Avventura Donna, Innsbruck, Tel. 0664/104 43 51, www.avventura-donna.com*

Der *Hochseilgarten* in *Ischgl* fordert Anfänger wie Profis. Ausrüstung kann geliehen werden und auf Wunsch stehen Trainer helfend zur Seite. *Tourismusverband Ischgl, Tel. 05444/526 60, www.ischgl.com*

Neu ist der *Natur-Hochseilgarten in Kramsach* mit 15 verschiedenen Stationen. *Info Tel. 0664/ 233 03 21, www.sport-ossi.at*

Geführte Eiswanderungen werden im Juli und August kostenlos auf dem *Stubaier Gletscher* auf 3000 m angeboten. Unbedingt notwendig: Knöchelhohes, gutes Schuhmaterial und wetterfeste Kleidung *(Info Tel. 05226/34 61, www.stubai.gletscher.com)*. Aktuelle Detailinformationen liefert der Tourenratgeber für Tirol unter *www.almenrausch.at.*

BIKEN & RADFAHREN

Der *Inn-Radwanderweg* von Hall nach Kufstein ist für Tiroler Verhältnisse Flachland. Der Höhenunterschied beträgt auf 80 km Länge knappe 100 m.

Im *Paznauntal* gibt es 36 Biketouren unterschiedlicher Schwierigkeitsgrade in einer Höhe von 1300 bis 2900 m. Dreidimensionales Kartenmaterial gibt es in einem Spezialführer der Tourismusverbände Galtür und Ischgl. Die *»Pitztal-Bi-*

Die Tiroler Landschaft bietet anspruchsvolle Mountainbikestrecken ke«-Strecke führt 42 km über einen Höhenunterschied von knapp 1500 m, Fahrzeit ca. 4,5 Stunden. Ein besonderes Erlebnis ist eine Bike-Abfahrt auf der *Streif*, eine der schwersten Ski-Abfahrtsstrecken der Welt *(www.kitzbuehel.com)*.

Im *Villgratental* nahe der italienischen Grenze erwartet Biker eine Insider Tipp 25 km lange Strecke. Allgemeine Infos unter *www.bike.tirol.at*

CANYONING & RAFTING KAJAK

Bei *www.osttirol-adventures.at* stehen Schnuppertouren für Canyoning-Einsteiger auf dem Programm *(Tel. 0664/356 04 50)*. Eine der schönsten Touren am Nordrand der Alpen beginnt am Insider Tipp *Plansee (Bergführerbüro Reutte, Höfen, Untere Platte, Tel. 05672/656 59, www.alpin-sport.at)*. Der Oberlauf des Lechs zählt zu den schönsten Wildflusslandschaften der Ostalpen. *Lechtaler Wildwasserschule, Häselgehr Nr. 170, Tel. 05634/63 04, www.fun-rafting.at*. Die *Alpenrosenklamm* im *Ötztal* ist auch für Anfänger geeignet. Dagegen bietet die *Auerklamm* mit Rutschen und Abseilpassagen den ultimativen Kick. *Kajak- und Raftingschule Ötztal, Tel. 05252/67 21, www.rafting-oetztal.at*. Erlebnisfahrten mit Kajak oder Canadier werden in der *Isel* oder der *Drau* angeboten. *Kajak- und Canadierzentrum Walter Heugenhauser, Outdoor Camp Osttirol, Ainet 108, Tel. 0664/356 04 50, www.osttirol-adventures.at*

FISCHEN

Von den Fischwasser-Tirol-Mitgliedsbetrieben werden umfassende Pauschalarrangements angeboten, z. B. *Hotel Neuhaus, Mayrhofen im Zillertal, Am Marktplatz 202, Tel. 05285/67 03, Fax 638 08, www.hotel-neuhaus.at*, €€–€€€.

Ein Mekka für Fliegenfischer ist das *Hotel Sonne* in *Lienz, Südtiroler Platz 8, Tel. 04852/633 11, Fax 633 14, www.tiscover.at/sonne*, €€–€€€. Das Haus besitzt Fischreviere an der *Kleinen* und an der *Großen Drau* sowie an *Möll, Isel* und am *Villgratenbach*. Angelscheine erhält man in der Regel in den Büros der Tourismusverbände.

GOLF

Vier von den 15 Golfclubs in Nord- und Osttirol liegen bei Kitzbühel. Die älteste Anlage ist die des Golfclubs *Kitzbühel Kaps (Ried Kaps 3 Tel. 05356/630 07, www.kitzbuehel-golf.com)*, deren Ausläufer bis in den Zielraum der Hahnenkamm-Abfahrtsstrecke reichen. Die 9-Loch-Anlage rund um *Schloss Kaps* besticht durch ihr Bergpanorama mit Hahnenkamm, Wildem Kaiser und Kitzbüheler Alpen.

Der nach ökologischen Gesichtspunkten angelegte Platz des *Club Dolomitengolf Osttirol* bietet über die *Golfschule Ingo Thomas* auch Golfkurse an *(Tel. 04852/721 00, www.dolomitengolf.at)*. Informationen: *Österreichischer Golf-Verband, Wien, Prinz-Eugen-Str. 12, Tel. 01/505 32 45 16, Fax 505 49 62, www.golf.at* oder *www.golf-alpin.at*

PARAGLIDING & BALLOONING

Besonders schön ist Paragliding auf dem *Mieminger Plateau* um Nassereith und im *Zillertal*. Zum Balloo-

Wildwasserfahren auf der Isel in Osttirol

ning eignet sich die Gegend um den *Wilden Kaiser* besonders. Aus- und Weiterbildung sowie Traumtouren für Paraglidingfans: *Flugschule Tannheimer Tal, Tannheim, Berg 53, Tel. 0664/338 21 63, www.flugschule-tannheimertal.at; Blue Sky Flugschule Hochpustertal, Sillian 82, Tel. 04842/51 76, Fax 201 76, www.bluesky.at*

SKIFAHREN

Die weltbekannten Skigebiete vom Arlberg über Ischgl, Hochgurgl, Hintertux und Kitzbühel bieten klassischen Wedlern und den Carvingfreaks alles, was sie sich wünschen. Fun Sport auf Pisten findet vor allem in Ischgl und Serfaus statt. Gemächlicher geht's im Kaiserwinkel zu, und die schönsten Langlaufloipen finden Sie um Seefeld und im Außerfern. Die Insider Tipp Race 'n Boarder Arena in Wildschönau ist ein idealer Hang für all jene, die fern vom Pistenrummel ihr Können auf Strecken testen wollen, auf denen sonst Weltklassefahrer trainieren. *Wildschönau, Tel. 05339/200 26, www.race-n-boarder.at*

WANDERN

Tirol ist ohne Übertreibung der Garten Eden für Wanderer. In sämtlichen Regionen gibt es gut beschilderte Wege für Spaziergänge auf der Ebene genauso wie zum Höhenwandern auf 2000 m und mehr. Unternehmen Sie eine Tour in den Hügeln der *Kitzbüheler Alpen* oder im *Wilden Kaiser*. Wandern Sie von St. Anton ins verträumte *Malfontal*, in der Umgebung von Seefeld im ★ *Alpenpark Karwendel*, oder in den weitgehend unberührten *Osttiroler Tälern*. Jedes Tourismusbüro hält Wandervorschläge und Kartenmaterial bereit.

In Söll am Wilden Kaiser wurde ein *Nordic Walking Kompetenzzentrum* eingerichtet. Info unter *Tel. 05333/52 16, www.soell.at*

Urlaub muss Gaudi sein

Unter diesem Motto wirbt Tirol herzlich um die Kleinen

Kinder, die die Berge mögen, werden ihren Tirolurlaub in bester Erinnerung behalten. Was es da zu kraxeln, zu suchen und zu staunen gibt, ist fast wie im Märchenland. Wenn mächtige Bergspitzen plötzlich zu großen Hüten gebückt stehender Riesen werden, sind Fernseher und Computerspiel schnell vergessen. Auf vielen Bauernhöfen stehen die Kinder im Mittelpunkt des Angebots. Auf sie warten Haus- und Nutztiere zum Anfassen und Streicheln, aber auch – wenn es gewünscht wird – die Mitarbeit auf dem Hof, etwa beim Heueinbringen oder Füttern der Tiere. In Mayrhofen im Zillertal kann in einer Erlebnissennerei sogar die Käseerzeugung mitverfolgt werden, ebenso auf der Tuxer Junsalm.

Kaum ein Ort in Tirol hat kein eigenes Freizeitprogramm für Kinder, die Betreuung eingeschlossen. Außergewöhnlich breit ist das Angebot an speziellen Kinder- oder Familienhotels *(www.family.tirol.at)*, die auch schon mit speziellen Wellness-Programmen für den Nachwuchs aufwarten. Attraktiv ist auch das umfangreiche Freizeit- und Unterhaltungsprogramm der »Familiennester«, die auf die Besonderheiten des Orts oder der Region zugeschnitten sind *(www.familiennester.tirol.at)*. Pädagogisch ausgebildete Nestbetreuer kümmern sich von Montag bis Freitag um die Kleinen. Die Teilnahme ist kostenlos oder wird über die Familienkarte pauschal abgegolten. Kinder bis zu sechs Jahren können zu den meisten Sehenswürdigkeiten gratis mitgenommen werden, Kinder bis zu 14 Jahren zahlen stark ermäßigte Preise. Ähnliches gilt für Seilbahnen und Liftanlagen. Kinderbetreuung und Skikindergärten sind in allen Wintersportorten selbstverständlich.

Beim Schützentreffen tragen schon die Kleinsten Tracht

INNSBRUCK

Alpenzoo **[U C1]**

Im höchstgelegenen Zoo Europas (727 m) leben mehr als 2000 Tiere von 150 Arten. Die »Zooschule« veranstaltet spezielle Kinderführungen, die einige Tage vorher anzumelden sind *(Tel. 0512/29 23 23)*. Für den Fall, dass der Geburtstag in den Urlaub fällt, kann auch eine Erlebnisführung mit Kinderjause und Geschenk gebucht werden. *Tgl.,*

Sommer 9–18, Winter 9–17 Uhr, Erw. 5,80, Kinder 3,50 Euro, www.alpenzoo.at

Bergisel-Stadion **[111 E5]**
Dort, wo die Skispringer Sven Hannawald und Martin Schmitt wie Adler durch die Lüfte segeln, führt an der neu erbauten Schanze ein Lift auf die 42 m hoch gelegene Aussichtsterrasse mit einem phantastischen Blick auf die Schanze, Innsbruck und die umliegenden Bergzüge. *Tgl. 9–17 Uhr, Erw. 6, Kinder (6–14 J.) 3 Euro*

OBERES INNTAL

Erlebnisschwimmbad **[110 A6]**
Die familienfreundliche Anlage in Oetz besteht u. a. aus drei Becken, einer Rutsche samt Wasserfall, großen Plantschbecken für die Kleinen und mehreren Spielplätzen. *Tgl. Mai–Sept., Oerlachweg, Tel. 05252/66 69, Erw. 4, Kinder 2 Euro*

Schule der Natur **[117 D5]**
Dem besonderen Klima am Reschenpass entspringt eine untypische Vegetation, die es kennen zu lernen gilt. In Kursen erfahren Kinder und Jugendliche Vieles aus der Wunderwelt der Natur. *Auch Sommerjugendcamp 1 Woche 290 Euro inkl. Unterkunft, Verpflegung und Material. Nauders, Info unter Tel. 0676/424 66 34, www.native-spirit.at*

UNTERES INNTAL

Goldbergbau **[112 C6]**
Während der zweistündigen Exkursion unter Tag in Zell am Ziller tut sich eine völlig neue Welt auf. Den Berg von innen zu sehen ist schon ein Erlebnis für sich, ein noch größeres, weil es um den Abbau von Gold geht. Während der Führung wird auch gezeigt, wie die Bergleute leben. *Unterberg 109, Tel. 05282/48 20, www.goldschaubergwerk.com, Erw. 10, Kinder 5 Euro*

Natur entdecken **[113 E1]**
Während die Eltern die Kulturlandschaft um Thiersee genießen, zimmern die Kleinen ein Floß, ernten den Kräutergarten oder kosten Honig direkt aus der Wabe. Ein geschultes Team begleitet die Kleinen oder die gesamte Familie. Die Teilnahme am Programm ist kostenlos. *Tourismusverband Thierseetal, Vorderthiersee 38, Tel. 05376/52 30, Fax 43 33, www.thiersee.com*

Planetarium **[112 B4]**
Unmittelbar neben dem weltbekannten Silberbergwerk Schwaz liegt das Planetarium mit ständig wechselnden Programmen für Jung und Alt. *Info Tel. 05242/721 29, www.planetarium-schwaz.at, Erw. 7, Kinder 4 Euro*

AUSSERFERN

Sommerrodelbahn **[110 A4]**
Mitten im Sommer zwischen blühenden Sommerwiesen auf einer Rodelbahn in Biberwier 1300 m ins Tal zu sausen garantiert Spaß und Gaudi für Jung und Alt. *Tgl. 9–16.30 Uhr, Bergbahnen Langes, Marienbergweg 16, Tel. 05673/21 11, 6 Euro pro Person*

Spielen am Fluss **[108–109 B–E 3–5]**
Im Lechtal, in einer der letzten naturbelassenen Flusslandschaften Europas, wo sich der Lech gemüt-

Im Stubaital können auch die Kleinsten auf leichte Wandertouren gehen

lich durchs Land schlängelt, ist es ein besonderes Vergnügen für Kinder, mit dem Mursand, wie der feine Treibsand von den Einheimischen genannt wird, Burgen und Dämme zu bauen und sonst einiges zu unternehmen. *Ferienregion Tirol Lechtal, Elbigenalp 55 b, Tel. 05634/53 15, Fax 53 16, www.lechtal.at*

OSTTIROL

Schloss Bruck **[123 E5]**

Insider Tipp

Unter dem Motto »Werkraum Museum« haben Kinder sonntags auf Schloss Bruck in Lienz die Möglichkeit, Werke von Albin Egger-Lienz mit bunten Steinen nachzubauen, oder der Kreativität nachzugehen und eigene Ideen auf Papier zu bringen. *Ferienwerkstatt im Sommer, Juli–Sept. So ab 14 Uhr, Information unter Tel. 04852/625 80, Familienkarte: 2 Erw. und 1 Kind über 6 Jahre 14 Euro*

Streichelzoo Moosalm **[123 E5]**

Neben dem Streichelzoo mit Hauskaninchen, Zwergziegen, Lämmchen, Wild- und Hausenten steht für die Kinder ein Waldspielplatz zur Verfügung. Die auf 1000 m gelegene Moosalm ist über Wanderwege bei einstündiger Gehzeit oder über die Hochstein-Sesselbahn zu erreichen. *Schlossberg 24, Mai–Sept. tgl. 10–17 Uhr, Tel. 04852/638 37, Eintritt frei*

Wichtlpark Sillian **[122 B6]**

In dem neu errichteten Spielpark am Ortsrand von Sillian können sich Kinder an Kletterwänden, Steilrutschen und Familienschaukeln nach Herzenslust austoben, während die Eltern auf Grillplätzen deftige Würstchen braten. Besonders attraktiv ist die Hangrutsche, auf der mit atemberaubender Geschwindigkeit ins Tal gerast werden kann. *Mai–Okt. tgl. 8–20 Uhr, Eintritt frei*

Angesagt!

Was Sie wissen sollten über Trends, die Szene und Kuriositäten in Tirol

Freiluftspektakel
Musik unter freiem Himmel in möglichst gebirgiger Umgebung zu genießen, zählt für die Tiroler zweifellos zum Höchsten in Sachen Kultur, im wahrsten Sinne des Wortes. Dabei ist es einerlei, ob es sich um die großen Auftritte der Popstars von Elton John bis Alanis Morissette auf der Idalpe bei Ischgl handelt, oder um Klassikaufführungen bei den Festspielen in Erl.

Schneeschuhwandern
Was sich früher Jäger und Holzarbeiter aus Holz und Tierdärmen an die Schuhe banden, um im Schnee besser vorwärts zu kommen, besteht heutzutage aus einem 20 mal 60 Zentimeter großen, ultraleichten Alugestell, das vorne leicht aufgebogen ist. Die Oberfläche ist mit strapazierfähigem Neopren überzogen. Eine flexible Bindung hält Wanderschuh und Gestell beisammen, das nur an den Ballen mit dem Schuh verbunden ist und eine rollende Schrittbewegung ermöglicht. Tiefschneewanderungen abseits von Pisten, Loipen und Wegen werden damit zu einem ultimativen Wintererlebnis.

Alpine Coolness
Der rustikale Stil in der Tiroler Gastronomie sieht sich zunehmend einer ästhetischen Konkurrenz gegenüber, die von elegantem Design und urbaner Atmosphäre bestimmt wird. »Cool« kommentieren die Tiroler und finden zunehmend Gefallen daran, dass Wände nicht mit Holz vertäfelt wurden, Tische und Stühle klar gestaltet sind und nicht alle Textilien aus besticktem Leinen bestehen. Revolutionäre Schritte sind der Tiroler Sache nicht, sie verändern ihren Geschmack nicht, sie erweitern ihn höchstens.

Trachtenmix
Tracht zu tragen ist wieder in, aber nur dann, wenn die klassische Tracht mit modernen Elementen versetzt ist. So hat sich ein eigenständiger Trachtenchic entwickelt. Männer sind besonders in, wenn sie eine alte und möglichst abgewetzte lederne Kniebundhose tragen, wobei unbedingt ein Stück Wade gezeigt werden muss. Oben darf mit allem kombiniert werden, was lässig und elegant zugleich ist.

Von Anreise bis Zoll

Hier finden Sie kurz gefasst die wichtigsten Adressen und Informationen für Ihre Tirolreise

ANREISE

Auto

Tirol ist von München aus am besten über die Inntalautobahn A 93 zu erreichen. Österreichs Autobahnen sind mautpflichtig. Die Vignette sollte schon vor der Abreise gekauft werden. Sie kostet für 1 Jahr 72,60 Euro (für Motorräder 29), für 2 Monate 21,80 Euro (10,90) und die »Touristen-Vignette« für 10 Tage 7,60 Euro (4,30). Erhältlich ist sie bei den Autofahrerklubs in D, Ö, CH sowie an grenznahen Tankstellen. Zweimonats- und Zehntagesvignetten müssen gelocht werden. Wer ohne Vignette angetroffen wird, muss für einen PKW mit einer Geldstrafe von 120 Euro rechnen. Zudem sind die Brenner-Autobahn, der Arlbergtunnel sowie einige Berg- und Panoramastraßen mautpflichtig.

Bahn

Tirol ist durch internationale Zugverbindungen sehr gut erschlossen. Vom Bahnknotenpunkt Innsbruck aus sind die wichtigsten Ferienziele gut erreichbar. Täglich fährt ein ICE von Wien nach Innsbruck. Für die Anreise von Berlin ist mit 9 Stunden Fahrzeit und einem Ticketpreis von 148 Euro zu rechnen. Informationen zu Nachtzügen aus Berlin und Mecklenburg-Vorpommern: *DB NachtZug Servicetel. 01805/ 14 15 14 oder www.dbnachtzug.de. Zentrale Zugauskunft in Österreich: Tel. 05 17 17, www.oebb.at*

Bus

Busreisen nach Tirol sind aus vielen deutschen Städten möglich, wobei Frankfurt am Main für viele Anbieter als Drehkreuz dient. Das Angebot reicht von der einfachen Busfahrt bis Pauschalreisen mit unterschiedlicher Aufenthaltsdauer. Infos unter *www.buswelt.de.*

Flugzeug

Tägliche Verbindungen mit Innsbruck bietet Austrian Arrows von Frankfurt/M. und Wien. Styrian Airways fliegt Mo–Fr zwischen Frankfurt/M. und Innsbruck. Welcome Air bietet täglich Flüge von Graz sowie von Montag bis Freitag nach Hannover und Air Alps Aviation von Lienz an. Die Flugzeit von Frankfurt/M. nach Innsbruck beträgt etwa 80 Minuten, Hin- und Rückflug ab Frankfurt kosten je nach Verfügbarkeit und Reisezeit zwischen 170 und 700 Euro (jeweils ohne Flughafengebühren). *Buchung und Preisauskunft von Deutschland aus Tel. 0043/517 89. Flughafen Innsbruck, Fürstenweg 180, Tel. 0512/22 52 50, www.innsbruck-airport.com*

AUSKUNFT

Österreich-Werbung
www.austria.info; Deutschland: Tel. zum Ortstarif 01802/10 18 18, Fax 10 18 19; Schweiz: Tel. 0842/ 10 18 18, Fax 10 18 19

Tirol Tourismus
Maria-Theresien-Str. 55, 6010 Innsbruck, Tel. 0512/727 20, Fax 727 27, www.tirol.at

Osttirol Werbung
Albin-Egger-Str. 17, 9900 Lienz, Tel. 04852/653 33, Fax 65 33 32, www.osttirol.com

AUTO

Tempolimit in Österreich: auf Autobahnen 130, auf Bundesstraßen 100, in Ortsgebieten 50 km/h. Promillegrenze 0,5.

ÖAMTC Pannenhilfe: *Tel. 120*
ARBÖ Pannenhilfe: *Tel. 123*

BUSSE

Österreichische Busauskunft: *Tel. 01/711 01, www.postbus.at*

CAMPING

130 Campingplätze, meist in landschaftlich reizvoller Umgebung angelegt, trösten darüber hinweg, dass wildes Campen in Österreich verboten ist. Info: *Österreichischer Camping-Club (ÖCC, Schubertring 1–3, 1010 Wien, Tel. 01/ 713 61 51, Fax 711 99 27 54, www.campingclub.at*

Wohnwagenbenützer sollten bedenken, dass nicht alle Straßen in den Bergen für sie geeignet bzw. erlaubt sind. Info: *ÖAMTC Tel. 0512/33 20*

GESUNDHEIT

Besorgen Sie sich vor Ihrer Urlaubsreise die Europäische Krankenversicherungskarte, die ab 2006 europaweit eingeführt sein soll. In der Zwischenzeit wird eine Ersatzbescheinigung ausgestellt. Sollte sie von einem Arzt nicht akzeptiert werden, müssen Sie die Behandlung bar bezahlen. Nach Ihrer Rückkehr reichen Sie die Belege bei Ihrer Krankenkasse zur Erstattung ein. Bei einem Krankenhausaufenthalt ist in jedem Fall ein Tagessatz für die Verpflegung zu leisten.

INTERNET

Neben den Websites der in der Rubrik »Auskunft« genannten Adressen bietet die Seite *www.tirolkultur.at* ausführliche Hinweise zum aktuellen Tiroler Kulturgeschehen. *www.tirol.gv.at* ist die offizielle Website der Tiroler Landesregierung. Unter *www.tiscover.com* finden Sie ein detailliertes Tirol-Angebot. Wollen Sie einen aktiven Urlaub verbringen, finden Sie auf *www.austria-aktiv.at* Sport- und Freizeitangebote nach Orten sortiert.

INTERNETCAFÉS

Innsbruck: *Café Picasso, Maria-Theresien-Str. 16, Eingang im Hof, Tel. 0512/58 48 48, www.cafepicasso. at*

Oberes Inntal: *Mail Box Internet Cafe, St. Anton am Arlberg, Hauptstr. 442, Tel. 0699/20 02 20 01, www.mail-box.at*

Unteres Inntal: *Action5, St. Johann i. T., Speckbacherstr. 4, Tel. 05352/639 62, www.action5.at*

Außerfern: *Café Museo, Reutte, Untermarkt 25, Tel. 05672/723 03, www.cafe-alte-post.com*

Osttirol: *Gasthof Ködnitz, Kals, Ködnitz 16, Tel. 04876/82 01, www.koednitzhof.at*

Was kostet wie viel?

Kaffeepause	**6,50 Euro** für einen großen »Braunen« und ein Stück Kuchen
Bier	**2,70 Euro** für ein Krügerl (0,5 l)
Seilbahn	**8 Euro** Berg- und Talfahrt im Sommer
Schnaps	**2,50 Euro** für ein Schnapserl
Benzin	**0,88 Euro** für 1 l Normalbenzin
Brettljause	**9 Euro** für Speck, Käse, Brot

NOTRUFE

Feuerwehr: *122*
Polizei: *133*
Rettungsdienst: *144*
Bergrettung: *140*
Ärztenotdienst: *141*

ÖFFNUNGSZEITEN

In touristischen Zentren sind die Geschäfte in der Regel Mo–Sa 8 bis 18.30 Uhr durchgehend geöffnet, vereinzelt auch an Sonntagen; in entlegeneren Orten u. U. Mittwoch Nachmittag geschlossen.

Restaurants und Hotels sind während der Saison, ca. Dez. bis Ostern und Juni bis Sept. durchgehend geöffnet. Dazwischen meist längere Schließzeiten.

Banken sind im städtischen Bereich durchgehend von 8 bis 16 Uhr geöffnet. In ländlichen Gebieten sind sie meist von 12 bis14 Uhr geschlossen, dafür bis 17 Uhr geöffnet.

POST

Das Porto für Standardsendungen (bis 20 g) – auch Ansichtskarten – beträgt EU-weit 55 Cent, weltweit 1,09 Euro.

TELEFON & HANDY

Österreich hat ein sehr dichtes Mobiltelefonnetz mit derzeit vier Anbietern. Es empfiehlt sich, rechtzeitig vor der Abreise zu prüfen, welche Anbieter mit welchen österreichischen kooperieren, um die günstigste Variante wählen zu können. Bei Ferngesprächen entfällt die 0 der Ortsvorwahl. Vorwahl Deutschland: 0049, Schweiz: 0041, Österreich: 0043

TRINKGELD

Generell ist der Service im Rechnungsbetrag inbegriffen. Bei zufriedenstellender Bedienung empfiehlt es sich, im Restaurant oder beim Friseur fünf bis zehn Prozent des Rechnungsbetrages zu geben.

ZOLL

Innerhalb der EU dürfen Sie Waren zum persönlichen Gebrauch frei ein- und ausführen, z. B. bis zu 800 Zigaretten, 400 Zigarillos, 200 Zigarren, 1 kg Tabak, 10 l Spirituosen, 20 l Likör, 90 l Wein (davon maximal 60 l Schaumwein) und 110 l Bier. Für Reisende aus Nicht-EU-Ländern gelten knappere Grenzen: 200 Zigaretten oder 50 Zigarren oder 250 g Tabak, 1 l Spirituosen, 2 l Bier, Wein oder Schaumwein. Infos unter *www.zoll-d.de*

Wetter in Innsbruck

	Jan.	Feb.	März	April	Mai	Juni	Juli	Aug.	Sept.	Okt.	Nov.	Dez.
Tagestemperaturen in °C	1	4	11	16	20	24	25	24	21	15	8	2
Nachttemperaturen in °C	–6	–4	0	4	8	11	13	12	10	5	0	–4
Sonnenschein Std./Tag	3	4	5	6	6	6	7	7	6	5	3	2
Niederschlag Tage/Monat	9	8	7	9	11	14	14	13	10	8	8	8

Reiseatlas Tirol

Die Seiteneinteilung für den Reiseatlas finden Sie auf dem hinteren Umschlag dieses Reiseführers

A B C

Kartenlegende Reiseatlas

Autobahn mit Anschlussstelle - Mautstelle	Horb 14	Motorway with junction - Toll
Autobahn in Bau - geplant	Datum/Date	Motorway under construction - projected
Tankstelle - Rasthaus - mit Motel	La Macchia	Filling station - Restaurant - with motel
Vierspurige Straße - in Bau		Road with four lanes - under construction
National- oder Staatsstraße - in Bau		Trunk road - under construction
Wichtige Hauptstraße - in Bau		Important main road - under construction
Hauptstraße - Nebenstraße		Main road - Secondary road
Fahrweg - Fußweg		Practicable road - Foothpath
Passstraße mit Wintersperre - Steigung	X-IV 10%	Mountain pass closed in winter - Gradient
Für Wohnwagen nicht empfehlenswert - gesperrt		Not suitable for caravans - closed
Gebührenpflichtige Straße - Für Kfz gesperrt		Toll road - Road closed for motor traffic
Hauptbahn mit Bahnhof - Nebenbahn		Main railway with station - Other railway
Eisenbahn (Güterverkehr) - Autoverladung		Railway (freight haulage) - Railway ferry for cars
Zahnradbahn - Seilbahn - Sessellift		Rack-railway - Cable lift - Chair lift
Autofähre - Schifffahrtslinie		Car ferry - Shipping route
Flughafen - Regionalflughafen - - Flugplatz - Segelflugplatz		Airport - Regional airport - - Airfield - Gliding field
Besonders sehenswerter Ort	LISBOA	Place of particular interest
Besondere Natursehenswürdigkeit	*Grotta d. Vento*	Natural object of particular interest
Sonstige Sehenswürdigkeit	* *Cittadella*	Other objects of interest
Landschaftlich schöne Strecke		Scenic road
Touristenstraße	Route des Grandes Alpes	Tourist route
Nationalpark, Naturpark - Aussichtspunkt		National park, nature park - Viewpoint
Botanischer Garten, sehenswerter Park - - Zoologischer Garten		Botanical gardens, interesting park - - Zoological garden
Burg, Schloss für Besucher zugänglich - Ruine		Castle open to public - Ruin
Sonstige Burg, Schloss - Kirche - Kloster - Ruinen		Other castle - Church - Monastery - Ruins
Turm - Funk- oder Fernsehturm		Tower - Radio- or TV tower
Denkmal - Leuchtturm		Monument - Lighthouse
Golfplatz - Jachthafen		Golf-course - Marina
Hotel, Motel, Gasthaus - Berghütte - Feriendorf		hotel, motel, inn - Mountain hut - Tourist colony
Campingplatz - Jugendherberge		Camping - Youth hostel
Strandbad - Schwimmbad - Heilbad		Bathing place - Swimming pool - Spa
Staatsgrenze		State boundary
Grenzkontrollstelle international - - mit Beschränkung		International check-point - - Check-point with restrictions
Verwaltungsgrenze - Sperrgebiet		Administrative boundary - Restricted area
Ausflüge & Touren		Excursions & tours

Bolsternang
Rechtis
Waltenhofen
Sulzberg
Bad Sulzbrunn
Ober-zollhaus
Unter-
Kleinweiler
Wenger Argen
Memholz
Rauns
Rottachsee
Untergassen
Haag
Hellenberg
Hofen
Hellengerst
Suiters
Hupprechts
Moosbach
Petersthal
Ettensbg.
Niedersonthofener See
Burgratz
Ried
Ottacker
Mittelbg.
Faistenoy
Seltmans
Sibratshofen
Weitnau
Waltrams
Rieggis
Martinszell
Greifenmühle
Niedersonthofen
Wolfis
Ru. Vorderburg
Vorderburg
Oberellegg
Grüntensee
Aigis
Wilhams
Diepolz
Reute
Eckarts
Rottach
Schl. Brackenbg.
Emmereis
Wertach
Börlas
Gindels
Buchenberg
Berg
Akams
Kranzegg
Wiederhofen
Missen
Stixnerbach
Zaumbg.
Kalchenbach
Trieblings
Bräunlings
Maiselstn.
Neumayr-A.
Deutsche Alpenstr.
Salmaser Höhe
1254
Hub
Stein i. Allg.
Rettenberg
Gschwend
Ratholz
Rauhenzell
Wagneritz
Wiedemannsdf.
Alpsee
Bühl a.A.
Grünten
1738
Grüntenseilbahn
Wertacher
1695
Hörnle
Unterjoch
Osterdf.
IMMENSTADT I. ALLG.
Ettensbg.
Agathazell
Thalkirchdf.
Kemptner Hs.
Grünten-Hs.
Burgberg i. Allg.
Starzlach
Bauernhaus-Mus.
Blaichach
Untere Klamm-A.
Almagmach
Bihlerdf.
Oberjoch
1180
Starzlachklamm
Nagelfluhkette
SONTHOFEN
1749
Gunzesried
Weißach
Stuiben
Aubach
Westernhofen
Tiefenb.
Hindelang
Oberjoch
Simatsgund-A.
XI-V
Sigishofen
Vorder-Hindelang
Hochgrat
1833
Hochgratbahn
Ostertal-H.
Imbg.
Staufner-Hs.
Offerschwang
Tiefenbg.
Altstädten
1656
1746
Sigiswang
Hof
Imberger Höhe
Siplinger Kopf
Hochwlr.
Altstädtner Hof
Hinterstein
Kierwang
Hinang
Balderschwang
Bolsterlang
Hinterst.
Mitterhaus-H.
Riedbergerhorn
Hörnerhaus
Fischen i. Allgäu
Schöllang
1786
Obermaiselstn.
Gr. Daumen
Grasgernalm
Langenwang
Reichenbach
2280
Balderschwanger Tal
Ried
Sturmannshöhle
Rubi
Nebelhorn
Geißalpsee
2224
Tiefenbach
Nebelhornbahn
Giebel-Hs.
Piesenkopf
Hochstatt
Edm.-Probst-Hs.
1629
Vdr.-Seealm
Schrine
Starzlach
Seealpsee
Rohrmoos
Kornau
Rubach
Breitachklamm
Söllereckbahn
Oberstdorf
Oytal-Hs.
Unt. Bärgündele
Walserschanz
Prinz-Luitpold
Freiberg see
Gruben
Gottesackerwände
Oybach
2033
Schwende
Schwand
Skiflugschanze
Hochvogel
Gr. Wilder
Schwabegg
Unt.-Westegg
Ringang
Gottenried
Gerstruben
2380
Ob.-Riezlern
Faistenoy
Kariesbogen-Welschwald-A.
Fellhornbahn
2232
Hoher Ifen
Kl. Walsertal
2037
Anatswald
Spielmannsau
Hornbach
Kanzelwandbahn
Birgsau
2348
Rauheck
DEUTSCHLAND
ÖSTERREICH
Schwarzwasser
Schwarzwasser-H.
Kanzelwand
Hirschegg
2059
Höfle
Trettach
Walmendinger Horn-Bahn
Alpgundkopf
Walmendinger Horn
1990
2176
Kemptner-H.
Gr. Krottenkopf
Herm.-v.-Barth
Mittelberg
Baad
Breitach
Fiderepaß-H.
Einödsbach
2657
Mädelegabel
2645
Bernhardsbach
Stillach
Rappensee-H.
Waltenbgr.-Hs.
Widderstein
2533
Mindelheimer H.
Rappensee
Allgäuer
2651
Höhenbachschlucht
Obergiblen
Hochkrumbach
Unt.-Biber-A.
Hohes Licht
XII-III
2599
Bach
(1066)
1675
Kalbelesee
Biberkopf
Lech
Schröcken
Hochtannbergpass
1494
Lechleiten
Holzgau
Stockach
Warth
Ellenbogen
Alperschonbach
14%
Prenten
Hägerau
Lechtal-H.
Madautal
Bürstegg
Mohnenfluh
Steeg
(1124)
Vorderbockbach
2547
Körbersee
Schlossköpfe
1773
Ob.-Lech
Kienbg.
Ronig-A.
Mohnenfluhbahn
XII-III
Vorarlberg
Tirol
Bockbach
Lech
Edelweiß-Hs.
Lech-Oberlechbahn
Stubenbach
Kaisers
Fr.-Simms-H.
Zug
1444
Krabach
Wetterspitze
2895
Alperschontal
2887
Rüfikopfbahn
2362
Omesberg
Rüfikopf
Kaiserbach
Freispitze
Formarinb
Lechtaler
Fallesinsp.
2769
Madlochjoch
Stuttgarter H.
2646
Ravensburger H.
Zürser See
Zürs
Kaiserjoch-H.
(2310)
Ansbacher-H.
(2376)
53
19
18
40
29
52
17
12
308
310
309
E532
7
201
200
198
A
B
C
1
2
3
4
5
6

116

Nesselwang
Pfronten
Füssen
Forggensee
Hopfensee
Weißensee
Schwangau
Neuschwanstein
Hohenschwangau
Roßhaupten
Vils
Reutte
Tannheim
Haldensee
Nesselwängle
Gaichtpass
Weißenbach a. Lech
Heiterwang
Heiterwanger See
Plansee
Bichlbach
Berwang
Fernpass
Nassereith
Forchach
Stanzach
Namlos
Elmen
Häselgehr
Hahntennjoch
Imst
Tarrenz
Karrösten
Roppen
Arzl i. Pitztal
Wenns
Schönwies
Zams
Mils
Lechtaler Alpen
Lech
Säuling-Hs. 2047
Hochplatte 2082
Gaicht 1093
Muttekopf 2777
5 km

117

A
B
C
1
2
3
4
5
6
Prem
Fronreiten
Peustelsau
Saulgrub
Kraggenau
Altenau
Bad Kohlgrub
Westried
Aschau
Birnbaum
Reithen
Ach
36
Thal
Trauchgau
Halblech
Berghof
Hoher Trauchberg
Hohe Bleick
1638
Unternogg
Ammer
Halbammer
Wurmansau
Hörnle-H.
1548
Hint. Hörnle
Grafenaschau
Eschenloher Moos
Scherenau
23
34
Buching
Ammer-
gebirge
Unterammergau
836
1542
Schwaigen
Aufacker
Plaiken
Oberammergau
Wasserscheid-H.
Reiselsberg-Hs.
17
Romantische Str.
Gr. Laine
Oberammergaubahn
Ettaler Manndl
1634
46
Kolben-A.
Bannwaldsee
Brunnenkopf-H.
Pürschling-H.
Klosterkirche
1703
Linderhof
Tegelberg-Hs.
Tegelbergbahn
Kenzen
1258
Graswang
Ettal
Linderhof
948
Elmaubach
Notkarspitze
1889
Oberau
659
Hochplatte
2082
Linder Gries
2022
Gießenbach
Farchant
Ammersattel
12%
10 %
Brunnenk.-H.
2185
Pöllatbach
1118
Enning-A.
Mühldörfl
Ammerwald
2049
Friederspitz
Burgrain
Ru. Werdenfels
Wank
1780
Wank-H.
Wankbahn
Garmisch-Partenkirchen
Deutsche Alpenstr.
Erzbach
14 %
Werdenfelser Land
Plansee
Griesen
Loisach
Loisachtal
Toni-H.
Rießersee
Partnachklamm
Eckbauer
Plansee
Zugspitz-Zahnradbahn
Eibsee
12%
Grainau
Garm.-H.
Graseck
Unt. Neuweid-H.
46
Waxenst.-H.
Heiterwanger See
187
Waxenst.
Höllentalklamm
Kreuzeckhaus
1652
Kreuzeck
Partnach
Blattberg
2248
2278
Schanz
Höllentalanger-H.
Hochalm-H.
Daniel
2342
Zugspitze
Obermoos
Zugspitzbahn
2962
Münchner-Hs.
Wetterstein
Bichlbach
Lähn
Wien.-N.-H.
Schneeferner-Hs.
Reintal
Schachen-Hs.
1865
Wengle
Ob.-Garten
46
Unt.
Platt
Knorr-H.
Meiler-H.
Bichlbächle
Lermoos
Schneefernerk.
Anger-H.
2746
Oberreintal-H.
Wettersteingebirge
Ehrwald
2679
Wolfratshsr. H.
Hof
Ehrwalder A.
Wangl-A.
Gasse
Leutasch
Stein
(3,2 km)
Lermoos-Tunnel
2218
Tillfuß-A.
Gaistal-A.
Kirchplatzl
Grubigstn.
Biberwier
Feldern-A.
Blindsee
Lärchenhm.
Seebensee
Seeben-A.
Leutascher Ache
Klamm
Platzl
Fernpass
(1209)
Drachensee
(1920)
Coburger H.
Breitenkopf-H.
Obern
2759
Weißensee
9 %
Hohe Munde
2661
Rauth-H.
Moos
40
Schl. Fernstein
Mittenau-A.
Ru. Sigmundsbg.
Gipfelhaus
Marienberg
Hochplattig
Neuleu
Fernsteinsee
179
Wanneck
Mieminger Kette
Grießbach
Straßberg-Hs.
14%
Buchen
Seefeld i.T.
2495
8 %
Alpenrose-H.
Wildermieming
14 %
St. Veit
Sagl
Telfs
Telfs-Ost
Mösern
Lehnbach
11%
Nassereith
(843)
Dormitz
Holzleiten
25
Barwies
101
171
Obsteig
Mieming
Telfs-West
Oberhofen i.T.
Ob.-Pettnau
13
189
105
Pfaffenhofen
(1126)
Unt.-Mieming
Holzleitner Sattel
Thal
Wald
Schl. Klamm
Mötz
E 60
z. Hl. Margareta
Flaurling
Hl. Valentin
Rietz (630)
56
Pettnau
Gurglbach
Simmering
2098
10
A 12
113
Haslach
Polling
Hattin
Gurgltal
Strad
Inn
Zisterzienserabtei
Stams
Neuburger H.
Kanzingbach
Silz
Staudach
P.-Anich-H.
Flaurlinger Jo
Maria Himmelfahrt
Haiming
Schl. Petersbg.
19
Stamser Bach
Rietzer Grießkogel
2211
Flaurlinger A.
Riedern
Stamser A.
Tschirgant
Ötztal
10
Hochleger H.
2884
Gwiggen
Inzinger
123
Ötztal
Höpperg
2372
Karröster
Karreser-A.
171
Wald
Mareil
Obertal
Taxer See
Hundsbach
Karres
Brunau
Stockacher Bach
18 %
Kühtai
Kühtai-Sattel
(2017)
Haggen
Sellrain
Roppen
Mairhof
Au
Hemerwald-A.
Bielefelder H.
Geißkogel
18%
(1516)
Peida
16%
Pitztal
11
Acher-kogel
3008
Dortmunder H.
2820
St. Sigmund im Sellrain
Hoheneck
Sautens
Haderlehn
Oetz
Finstertaler Seen
Plenderleseen
Wald
Piburg
Habichen
Kraspessp.
Melachbach
Waldbach
Bloße
2538
186
2953
Tumpen
Ötztal
Platzl
Neue Pforzheimer H.
(2308)

118

D
E
F
1
2
3
4
5
6
Hechendorf
Kreuz
Freilichtmus.
Kochel a. See
Benediktenwand
1801
Bayern-Hs.
Brauneck
Tanner-A.
Tanner-A.
Schlehdf.
Schwaiganger
Raut
E533
95
Kirchgraben
Ohlstadt
Kochelsee
Altjoch
Walchensee Kraftwerk
Kesselberg
858
Jocher-A.
Tannern
Rauchenbg.
Jachen
Herzogstand
Heimgarten
1790
Urfeld
Petern
Rehgraben-A.
Berg
Laich
Bäcker
Höfen
Sachenbach
Jachenau
Niggeln
Mühle
Lain
760
1375
Hoher Zwiesler
13
Walchensee
802
Niedernach
Eschenlaine
Sylvenstein-see
Einsiedl
Obernach
Altlach
Walchensee
808
Vorderriß
750
Fall
1838
Simetsberg
307
1132
Roßkopf
1304
Hochkopf
11%
Wallgauer-A.
11
Bayern
Brünst-A.
Kotzen
1765
Stierschlag-H.
Dürrach
Hoher Grasbg.
1782
Fischbach
Rißbach
Wallgau
Fischbach-A.
Scharfreuter
2100
Nonnenalm
Barmsee
Bayern
Tirol
Tölzer H.
Alpenanger
Krün
Flachalm
Geroldsee
Soiern-H.
1613
Kuppel
1770
Barmsee
Stausee
Fleischbank
2026
Klais
10%
Soiernseen
2259
Fermersbach
Seinsbach
Jagdschl.
Kranzbach
Wildensee
Soiernspitze
Hinterriß
Alpe
Rißtal
Aschau-A.
Krinnerkopfler H.
1401
Schmalsee
Torscharte
1391
Luttensee
Hochland-H.
1624
XI-V
Rißbach
DEUTSCHLAND
ÖSTERREICH
2537
Hoh. Kranzbg.
Mittenwald
Östl. Karwendelsp.
23%
Risser Falk
2415
Hagel-H.
Johannestal
913
Karwendelbahn
2385
Karwendelbach
23%
Lautersee
Westl. Karwendelsp.
Blauwasser
Karwendeltal
Karwendel-Hs.
Gamsjoch
2455
10
10%
Unterkirchen
2
Birkkar-H.
2749
30
Gr.-Arnspitze
948
Scharnitzpass
(Porta Claudia)
Birkkarsp.
Falken-H.
Lalider
Gr. Ahornboden
Whs.
Arnspitz-H.
2196
Grubenkarsp.
2662
Hinterautal
Gießenbach
Scharnitz
964
8
Isar
Pürsch-Hs.
Gleierschbach
2491
Gießenbach
E 533
Halleranger-A.
Isarquelle
Halleranger-H.
Bettelwurfspitze
2725
Walder
Gleirschtal
Roß-H.
Seefelder Jochbahn
2220
Amtssäge
Weißenb.
Bettelwurf-H.
32%
Eppzirler A.
14%
Reithersp.
2373
Pfeis-H.
177
Harmelekopfbahn
ehem. Salzbergwerk
XI-IV
St. Martin
Kristen-A.
Hafelekarsp.
2334
Seefelder Sattel
(1185)
Nördl.-H.
Thaurer-A.
Baumkchn.
Auland
Solstein-Hs.
(1804)
Nordkettenbahn
HALL i.T.
Mils
Reith b. Leithen
(1130)
Hungerburgbahn
Thaur
Absam
INNSBRUCK
I.-Arzl
Zirl
Martinswand
Rum
Volders
Seefelder Schnellstr.
171
A12
68
Fragenstein
12
1
70
Bramor
91
87
Flughafen Innsbruck
Hall i.T.
Judenstein
A 12
73
Hall-West
Tulfer H.
Ranggen
Zirl-O.
Kematen i.T.
83
79
Innsbr.-Ost
Ampaß
Tulfes
Schl. Ferklehen
Völs
Schl. Ambras
Aldrans
Oberperfuss
Afling
Völs Kranebitten
Innsbr.-W.
Innsbr.-Wilten
Rinn
Götzens
3
6
Lans
Sistrans
Kammerland
Natters
Schl. Hohenburg
Krieger-Kp.
Gasse
Grinzens
Axams
Neugötzens
A 13
Igls
Sistr.-A.
Tulfein-A.
Naturfreundehs.
Mutters
Nockhof
12%
Muttereralmbahn
Patscherkofelbahn
Patscherkofel
2246
Glungezer-H.
Sellrain
Sendersbach
Mutterer A.
Kreith
15
Patsch-Igls
Meißner Hs.
2677
Glungezer
Rothenbrunn
Hoadlstr.
Raitiser A.
Europabrücke
Patsch
Europabrücke
XI-IV
Hoadl
Birgitzköpfl-H.
Mühltaler Bach
5 km
2340
Schönbg.
Olympiabahn
Axamer Lizum
Mühltal
Kemater A.
10
Schönberg
Ellbögen
Kalkkögel
Stubaital
182
Fotsch
2556
Froneben
Telfes
2654
A.-Pichler H.
(2030)
Schlicker A.
Gedeier
Rauher Kamm
Tuxer
Bayern
Karwendelgebirge

111
119

Unter-murbach
Mühlbach
Wegscheid
Fleck
Lenggrieser H
Winkel
Hohenwsn.
Rauchenbg.
Scharling
Hirschbg.
1670
Kreuth
Tegernseer H.
1697
Roßstein
Bayerwald
307
Wildbad Kreuth
828
Glashütte
941
Achenpass
Königsalm
Wallberg-Hs.
1722
1712
Setzbg.
1826
Ankerstube
Riedlern
Risserkogel
Spitzingsee
Jubiläums
1602
Stolzenbg.
11%
12%
XI-IV
XI-V
Weiße Valepp
Valepp
Langenaualm
1808
Schinder
Deutsche Alpenstraße
Walchental
1375
Hoher Kiesler
13
14
Kaiserwacht
Reitstein
1516
DEUTSCHLAND
ÖSTERREICH
Halserspitze
1861
824
Erzh.-Johann Klause
Hagenwirt
Klammbachalm
L.-Aschenbrenner-H.
Weittalalm
Achenwald
843
10%
Leiten
Ampelsb.
Weißachbach
Schweinau
181
Guffertsp.
2195
Htr Weißau-A
Roßkopf
1632
Juifen
Rotwand-H.
1988
Dürrach
Stierschlag-H.
Bächental
Achenthal
Meieralm
Oberbergalm
Hinterbg
Achenkirch
2075
Hochunutz
1010
Steinberg a. Rofan
Steinberger Ache
Aschau
Stegen
Brandenberg
Hochstogen-A.
Unterautal
Achensee
Nonnenalm
2022
Schreckensp.
Schrambach-A.
Scholastika
Eben
Flachalm
Kuppel
1770
Seehof
Neubergalm
Achensee
Grundache
Rofan (Sonnwendgebirge)
Reinthaler See
2052
2106
Mondscheinsp.
Basilialm
2058
Seebergsp.
Pletzachalm
1940
Roßkgl.
2259
Rofansp.
2299
Hochiß
Erfurter H
Hl. Dominikus
Mariathal
Museumsdorf Kramsach
Kramsach
Voldöpp
Gernalm
1172
929
Plumserjoch-H.
XI-IV
Pertisau
Buchau
Rofanbahn
Bayreuther H
Hollenstein
Asten
Habach
Brixlegg
Hagel-H.
Rißbach
10%
Plums-A.
Falzthurnbach
8%
Maurach
Eben a. A.
Munster
Mehrn
Reith i. A'tal
Blauwasser
Falzthurnalm
Gamsjoch
2455
2457
Sonnjoch
Weißenbach-H
20%
Wiesing
St. Gertraudi
Achensee/Zillertal
Straß
Gr. Ahornboden
Whs. Eng
Grammaialm
2102
Stanser Joch
Jenbach
Tratzberg
39
Bruck a. Ziller
Hygna
Lalider
Lamsensp.
2508
Lamsenjoch-H.
Stallen-H
St Georgenberg
60
Stans
43
Rotholz
Ma Brettfall
Imming
Holdernach
Maurach
Schlitters
Gagering
Schlierbach
Weng
Schwaz
Fiecht
49
Unsere liebe Frau
Buch b. Jenb.
Galzein
Fugenberg
Pürsch-Hs.
Vomper Loch
Stiftskirche
Hof
Ried
Fügen
(544)
Hart i. Ziller
Helfenstein
Vomperbg.
Vomper Bach
Walder Alm
Umlberg
Vomp
Zintberg
SCHWAZ
Kaunz-A.
Pankrazbg.
Kapfing
Haselbach
Schlögelsb.
Gnadenwald
Terfer
Fens
Vomp
53
2344
Spieljoch-bahn
12%
Kellerjoch
Uderns
St. Martin
St. Michael
Fritzens
Weer
Inn
171
Pill
Kellerjoch-H.
Ried i. Zillertal
Großmar
Baumkchn.
E 60
E 45
Weer
Außerweerberg
Pillbach
Gamsstein
XI-V
Kaltenbach
Mils
61
Wattens
Kolsass
Rettenbg.
Weerberg
Zalln
Finsingbach
Emberg
Aschau
Wattens
38
Kolsass-berg
Volders
Weerbach
Rieder
2506
Gilfert
Hochfügen
(1473)
Riedbach
Mitterdorf
Bramor
Vögelsberg
Wattenbg.
Innerst
Marchkopf
2500
Stift
Zellberg
Tulfer H.
Tulfes
Volderwildbach
Volderer Bach
Wattenbach
2220
Rote Wand
Sagalpe
Stallenalm
Nurpensbach
Zillertaler Höhenstraße
Hochteger
Zell a. Z.
Rastkogel-H.
(2117)
XI-V
Naturfreundehs.
Haneburger
Weidener H.
(1799)
2725
Hirzerberg
Baumgarten-A.
Laimach
Hippach
Hubertus
Schwendberg
Glungezer-H.
2749
Walchen
2762
Vallruck-A.
Rastkogel
Schwendau
Ramsau
Stockach
Rams
Glungezer
Malgrübler
5 km
Burgstall
Hollenzen
Wattener Lizum
Ramsanger
Vorderlanersbg.
Penken
2095
Penkenbahn
Penken-H.
Finkenberg
Mayrhofen
(633)
Sonnensp.
2620
(2019)
Lizumer H.
Schrofenbahn
Tuxer Alpen
Zillertal
A
B
C
1
2
3
4
5
6
3

120

Alpen
Ursprungpass
Bayern
Tirol
Zahmer Kaiser
Kaisertal
KUFSTEIN
Wilder Ka
Kiefersfelden
Oberaudorf
Wagrein
Ebbs
Oberndorf
Durchholzen
Pyramidensp.
1997
Hinterbärenbad
Kaisertal-H.
Stripsenjoch-H.
Ellmauer Halt
Gaudeam
Wochenbr.
Thiersee
Hinter-Thiersee
Vorder-Thiersee
Mitterland
Landl
Ascherdorfl
Schmiedthal
Trainsjoch
1708
Bäckeralpe
Zipflhof
Gr. Traithen
1853
Brünnstein
1619
Rosengasse
Buchau
Wildgrub
Mühlbach
Soinsee
Sillberg-Hs.
Kloo-Ascher
Ursprung
Klausbach
Grabenbergalm
1787
Veitsberg
Kran
Riedenberg
Hundalm-Eishöhle
Niederbreitenbach
Unterlangkampfen
Schaftenau
Pendling
1563
Kufsteiner Hs
Weißach
Endach
Egerbach
Mooshm
Schwoich
Walleralm
Hinterstein
883
Gaisberg
Grutten-H.
1620
Hintersteiner See
Scheffau a. Wilden Kaiser
Wimm
Schwendt
Bocking
Blaiken
Ralser
Au-häusl
Ellmau
Going
Hauning
Dorfleiten
Stockach
Söll
Hartkaiser-bahn
Hartkaiser
1555
Greiln
Astenberg
Bromberg
Knoll
Dengg
Schwendterdörfl
Itterdörfl
Schl. Itter
Hohe Salve
1827
Hohe Salve-Bahn
Salve-Hs
Thennwirt
Zinsberg
1674
Weißach
Reith b. Kitz.
Hallernd.
Brixen i. Thale
Lauterbach
Bockern
Spertendf.
Hopfgarten i. Brixental
Haslau
Feichten
Moosen
Hof
Brixenthaler Ache
Feuring
Kirchbg. i. Tirol
Bichling
Westendf.
Holzhamm
Alpenrose
1553
Rettenbach
Kobinger H.
Windau
Brechhornhs
Grund
Asch
Oberland-H
Brechhorn
2031
Mariastein
Kirchbichl
Oberlangkampfen
Bichlwang
B. Häring
Kirchbichl
Oberndf.
Bruggermühl
Soll-Leukental
Mühltal
Angath
Embach
Schönau
Unterangerbg.
Dorf
Grub
Ramsau
Glotzham
Kleinsoll
Wörgl-Ost
Wörgl-W.
Thal
WÖRGL
Haus
Pfarr-K.
Moos
Liesfeld
Lahnthal
Öd
Kundl
St. Leonhard
Kundler-Klamm
Schmalzgrub
Niederau
Oberau
Saulueg
Dorf
Mühltal
Thierbach
Bernau
1497
Kropfrader Joch
Achen
Engelsbg.
Gruberbg.
Glantersberg
Hörbrunn
Dörfl
Schatzbergbahn
Auffach
1897
Schatzberg
Feilmoos
Schwarzenau
1920
Feldalpenhorn
Kelchsau
789
Kelchsauer Ache
Zwieselbauer
Lodron-H
1925
Lodron
Steinberg-Hs.
Windauer Ache
Rettenbach
Alpbacher Ache
Schonangeralm
Wildschönau
Wildschönauer Ache
Moderstock
(1017)
Kündlalm
Grundache
Kurze Grundache
Lange Grundache
Langer Grund
Gamskogel-H.
(1140)
Wegscheid
Gerstinger Joch
2037
Aschauer Ache
Gr. Rettenstein
2362
2424
Gr.Galtenbg.
2287
Sonnenjoch
Erla-H.
Märzenbach
Neue Bamberger H.
(1759)
2444
Kröndlhorn
(1983)
Salzachjoch
2469
Salzachgeier
Baumgartenalm
Wildkogel
2225
Kitzbühel
Tirol
Salzburg
(1472)
Gmunder-H.
(1439)
Tiefentalalm
Brunnalm
Trattenbach
Steineralm
Dürnb.
Neukirchen a.Gr.
Weyer
Langer See
Krimmlalm
2558
Kreuzjoch
Krummbach
2315
Königsleitenspitze
Mullerlalm
Almdorf Königsleiten
(1598)
Rankenthal
Reitl
Wald i.P.
Rosenthal
Schonbach
Gerlospass
(1507)
Oberhof
Gerlos
(1245)
Gmund
Gerlos B.
Gerlostal
Speicher Durlaßboden
Schönachbach
Gerlosplatte
2039
Plattenkogel
Nothdf.
Vorderkrimml
Krimml
Hinterkrimml
Krimmler Wasserfälle
Sulzau
Sulzbachfall
Siggen
Wildalm
Untersulzbach
Obersulzbach
Stockera
Lacken-A.
2472
Finkau-A.
Hanger
Wildgerlostal
Krimmler Ache
Wimmertaler A.
Wimmertal
2633
Iss-A.
Wechselsp.
Grundhütten
2700
Kolm
2766
Hochsteinflache
Ziller
Wildkarspitze
3073
Seebach-S.
Berndlalm
(1540)
Postalm
Obersulzbach-H.
Zahmer Kaiser
KUFSTEIN
A12
E 60
E 45
E641
121

41
A
B
C
Erl
Obersteigenthal
Aschach
Grunbacher H.
Staffen
Kössen
Riedltn.
Nieder-audorf
Mühlgraben
Wildbichl
Niederndorferberg
Faistenau
Winkel
Staffenberg-Lift
Waidach
Blindau
Natters
DEUTSCHLAND
ÖSTERREICH
Wall
Buchau
Niederndf.
658
Walchsee
Kranzach
Hütte
Rettenschöss
Primau
Leitwang
Kössener Ache
Auerb.
Oberaudorf
Wagrein
Walchsee
Scheibenwald-H.
Auerbg.
Ober audf.
Durchholzen
Oed
Weißen-steinalm
Mühlbach
Ebbs
Schwendt
Unterberghornbahn
Straubinger
Mühlau
U. L. Fr. Geburt
Fischbach
1773
Kiefersfelden
Oberndorf
Habersauer-A.
Unterberghorn
Kiefersfelden
Kiefersfelden
Pyramidensp.
Scheibenkgl.
Hechtsee
1997
1611
Zahmer Kaiser
Hohenkendl
Wohlmuthing
Wachtl
Kufstein-N.
Pfandl
Reitercl
Kaisertal
Hinterbärenbad
XI-III
15%
Griesenau
Mors-bach
Kaisertal-H.
Griesener A.
Hinterbg
Erpfe
KUFSTEIN
Sesselbahn Wilder Kaiser
499
Stripsenjoch-Hs
Kaiserlift
Kaindl-H
Wilder Kaiser
Kirchdf. i. Tirol
Kufstein Süd
Weißach
Walleralm
2344
Gasteig
Endach
Ellmauer Halt
Ackerl-H
Litzlfelden
Jagereck
Egerbach
Hinterstein
Nieder Kaiser
Bärnstätten
883
Grutten-H.
Gaudeamus-H.
Mooshm
Gaisberg
1620
Barnstatten
1279
Aiglsau
1506
Wochenbrunn
Maurer
Hintersteiner See
St. Johann i. Tirol
St. Johannbahn
Kalkstein
Schwoich
15%
Scheffau a. Wilden Kaiser
Spital-K.
Weißbach
Wimm
Schwendt
Prama
Piller-See-Ache
Bocking
178
14
Bichlwang
Stockach
Blaiken
Ralser
Au-häusl
Sperten
Almdf
Z. Hl. Kreuz
Apfeldf
Söll
Hauning
Ellmau
B. Häring
Dorfleiten
Going a. Wilden Kaiser
Engereralm
Hartkaiser-bahn
Oberndorf i. T.
Wiesenschwang
Bruckha
Dengg
Bergbahn Scheffau
Soll-Leukental
Hartkaiser
Grein
Astenbergbahn
Mühltal
Knoll
Bromberg
1555
Haslach
Kitzbüheler Horn
Weißbach
E641
Schwendterdörfl
Reith b. Kitzb.
XI-VI
1996
Gipfelhs.
Zinsberg
Hallerndf.
Schwarzer See
Itterdörfl
Hohe Salve-Bahn
Salve-Hs
Grub
Hornköpfl
Haus
Schl. Itter
1674
Kitzbüheler Hornbahnen
1762
Hohe Salve
Munichau
Mühlau
Adlerhutte
1827
Brixen i. Thale
Lauter-bach
Bockern
Spertendf.
170
Pfarr-K.
Thennwirt
Klausen
St. Andreas
Hof
Hopfgarten i. Brixental
Moosen
KITZBÜHEL
Kaps
Bichlalm
Stuckkogel
Brixenthaler Ache
Stockerdörfl
1887
13%
Haslau
Feichten
Feuring
Kirchbg. i. Tirol
Bichl
Achen
Bichling
Hahnenkamm
1655
Schlinach
Hahnenkammbahn
Engelsbg.
Westendf.
aurach
Unter-
Holzhamm
Alpenrose
Rettenbach
Ehrenbachhöhe
Ober-
1553
Gruberbg.
Rettenbach
1802
Hörbrunn
Aurach
Glantersberg
Kobinger H.
Hochbrunn
Windau
Steinbergkogel
Brechhornhs
Hütte
Kelchsauer Ache
Grundau
Kelchsau
Rettenbach
Pengelstein
Jochberg
Ed
Bochumer H.
789
923
Aschau
2031
1014
Zwiesel-bauer
Steinberg-Hs.
Oberland-H
161
Brechhorn
2030
Lodron-H
Schwarzkogel
1925
Windauer Ache
Aschauer Ache
Aschach
Alte Wacht
Lodron
Grundache
Kurze Grundache
10
39
Gerstinger Joch
Rettensteinalm
2037
Gr. Rettenstein
Kl.
Trattenbachalm
Jochbergwald
2217
Gamskogel-H.
2362
8%
(1140)
Wegscheid
Pass Thurn
XII-III
(1274)
Baumgartenalm
Resterhöhe
Neue Bamberger H.
Mayrhofen
(1759)
Spielbich
2444
Mühlbach
6%
2469
Kröndlhorn
Wildkogel
Mühlbach
Dorf
Grubing
(1983)
2225
Mittersill
Salzachgeier
Salzachjoch
Bramberg a.W.
Bicheln
Klausen
Steineralm
Dürnb.
Trattenbach
Hollersbach i.P.
Reitlehen
Weyer
Wenns
Mulleralm
13
Almdorf
Ranken-thal
Neukirchen a.Gr.
165
Habach
Königsleiten
XI-V
P
(1598)
17%
Reitl
Wald i.P.
Gerlospass
(1507)
Rosenthal
Schonbach
Leitner Alm
Habachtal
Hollersbach
Nothdf.
Vorderkrimml
Sulzau
Breitkopf
Lahner Alm
Sulzbachfall
Gerlos-platte
9%
Siggen
Wildalm
2420
Schößwendhaus
2039
Krimml
66
Untersulzbach
Tauern-Hs
Platten-kogel
Hinterkrimml
Obersulzbach
National-park Hohe Tauern
Enzian-H.
Edelweiß
Krimmler Wasserfälle
Spitalhaus
Finkau-A.
Stockeralm
Alpenrose
Hintersee
122
Seebach-S.
Aschamalm
3050
Blessachkogel

D
E
F
Dürrnbachhorn
1776
XI-IV
Winklmoos-Alm
Dürrnbachhornbahn
Seegatterl
Nattersberg-A.
Traunsteiner H.
Heutal
Steinpass
606
Saalach
Unken
Oberrain
Deutsche Alpenstraße
Moosenalm
1641
Karspitz
Bayern
Tirol
Salzburg
Hintergföll
Sonnbg.
Schrecksattel-Eishöhle
Kl. Weitschartenkopf
Wart-stein-H.
Schwarzbach-wacht
305
868
Ristfeucht
Unkenbach
Unkenbg.
Kniepass
558
1921
Traunsteiner H.
Neue
Edelweißlahner
1953
Kopf
Antonius Kp.
Durchkaser-A
Schwarzbergklamm
178
Reit
Alpaalm
Alte
Reiter Alpe
Hallenstein
E641
Mayrberg
2284
Gr. Häuselhorn
Hintersee
Ramsau b. Bercht.
Schönblickhaus
Steinplatte
Loferer Alpe
Au
Berger Maiß-Alm
Nationalpark
Schredergasse
Strubtal
1680
Blaueishütte
704
Lofer
Scheffsnoth
Hundsalm
2607
Hochkalter
937
Waidring
Strub
Pass Strub
7%
Winkl
St. Martin b. Lofer
Strohwolln
Mooswacht
23%
Berchtesgaden
Breithorn
2413
Teufelsklamm
Schmidt-Zablerow.-H.
P. Luftenstein
645
Wildenthal
Hirschbichl
Hocheisspitze
2522
Wimbachgrieß-H
Pillersee
Loferer Steinberge
Dirnbgr.
1536
Gerhardstein
2511
Gr. Ochsenhorn
Seisenberg-Klamm
St. Ulrich a. Pillersee
Saaleck
Weißbach b. Lofer
Dießbach Stausee
Gr. Hundstod
2594
Lamprechtsofenloch
Weißleiten
Schwendt
Hochsäul
1707
Dalsenalm
Ingolstädter Hs
Jakob i. Haus
Flecken
Niedergrubalm
311
Schüttachalm
Gr. Rothorn
2405
Brandlhof
Buchensteinwand
1462
9%
Pfaffen-schwendt
2634
Passauer H
Birnhorn
P. Wiechenthaler
1707
Riemann-Hs
Hochfilzen
Leoganger Steinberge
3
Trixlegg
Feistenau
Leoganger
13
8%
Wiesersberg
Lenzing
Wiesing
Schl. Lichtenberg
Paß Grießen
967
Grießen
Rosental
Dorfheim
Saalfelden a.St.Meer
Hütten
164
Ache
Wildalpsee
Leogang
Huggenbergalm
Wildseeloder-H
Burgeralm
Voglernalm
1439
Schultersbachhöhe
744
Ramseiten
12%
Asitz-H
Spielberg-H
Kohlmaiskopf
1794
Schonleiten-H
Kehlbach
Breitenbergham
Almdf
1914
Lochalm-H.
Harham
Hof
Saalbach
Sausteigen
Aberg
1912
Lahntal
Gerling
Lengau
Hinterglemm
Schattbergbahn
Igelsberg
Viehhofen
Mitterhofen
2011
Kirchham
Schwalbenwand
4
Jetzbach
1984
Dr.-K.-Renner-H.
Zwölfer Kogel
Schattberg
2018
Rammern
Exenbach
Sonnkogel
1856
Maishofen
Atzing
Point
Schl. Prielau
Ellmau-A.
Mitterkaser-A
Sonnalmbahn
Sonnalm
1654
Ruperti-Hs
Schmittenhöhe
1965
Schmitten
Zorn
Thumersbach
Alpen
Hochkogel
Sonnberg-A.
Pinzgauer-H.
Zell am See
Hahneckkgl.
1857
Glockner-Hs.
Ebenbg.
(1757)
Zeller See
Bruckberg
Schl. Fischhorn
Pölsen
Hochleiten
Piesendf.
Areitbahn
Z.-Schüttdf.
Hundsdf.
Walchen
Segelflugschule
311
St. Georgen
Pirten-dorf
Uttendf.
Lengdf.
Steindf.
Furth
Bruck a.d.Gr.
(775)
Niederhof
Salzach
168
Niedernsill
Hummersdf.
Wilhelmsdf.
Salzach
24
Aisdorf
Kaprun
Schl. Kaprun
Fürstaualm
Mühlbach
Maiskogelbahn
Sigm. Thun Klamm
12%
Vorderstubach
Maiskogel
Pinzgau
Glocknerblick
Großglockner Hochalpenstraße
2264
Drei Brüder
Wiedrechtshsn.
Neuschmied-A.
Sulzbach
Wiesen
Imbachhorn
2446
Stubache
Mühlbach
910
2470
Fusch a.d.Gr.
5 km
Salzburger H.
Gletscherbahn Kaprun
Gleiwitzer H.
Fellern
Ferschbachhausl
Kapruner Ache
Kesselfall-Alpenhaus
Bärenwirt
Krefelder H.
Limbergstollen-Schrägaufzug
(830)
Bad Fusch
6
Schneiderau
Stubachtal
Kaprunertal
Fuschertal
Sommerskilauf
Limbergsperre
Stausee Wasserfallboden
Kitzsteinhorn
Vdr. Odalm
Hoher Tenn
3368
XI-IV
Stausee Mooserboden
2764
Schwarzkopf
Enzingerboden
Htr. Odalm

123

A
B
C
Lechtal
Lech
Schlossköpfe
Oberlechbahn
Rüfikopfbahn
Omesberg
Rüfikopf
2362
Zug
Formarinb.
Madlochjoch
2646
Ravensburger H.
Zürser See
Zürs
1717
Flexenpass
1773
Flexenstr.
Trittkopfbahn
Valluga
2809
Stuttgarter H.
Erlach-A.
Almajurbach
Krabach
Bockbach
Vorder-bockbach
Steeg
(1124)
Kienbg.
Edelweiß-Hs.
Kaisers
Kaiserbach
Fallesinsp.
2769
Ronig-A.
Fr.-Simms-H.
Wetterspitze
2895
Alperschonta
2887
Kaiserjoch-H.
(2310)
Ansbacher
Fritz-H.
(2376)
Pettneu a.A.
Schnann
Flirsc
Gand
Kapall
(2333)
(2261)
Leutkirchner H.
St. Jakob a.Arlberg
Arlberg Kandahar bahn
Dittes-H.
1872
Klösterle
Langen a. Arlbg.
Stuben a. A.
1402
Arlbergpass
1793
St. Christoph a. Arlbg.
Galzigbahn
St. Christophbahn
St. Anton a.Arlbg.
Stanzertal
Rosanna
Mittagspitze
2635
Hoher Riffler
3168
Edm.-Graf-H.
Pezin
Rendlbahn
Vord. Rendlspitze
2816
2391
Albonagrat
Kaltenberg-H.
Arlberg-Straßentunnel (14km)
2571
Wagner-H.
S16
197
198
Wasserstuben-A.
Kaltenberg
2896
2753
Eisentaler
Neue Reutlinger H.
2605
Verwalltal
Moostal
Moosbach
2853
Madaunspitze
2961
Faselfadspitze
2993
Dias-A.
Kappl
Perpat
Labebne
Lochau
Bach
Gafluna-A.
Muttberg
2551
Konstanzer H.
Kartell-H.
Niederelbe-H.
Darmstädter H.
Kieler Wetter-Hs.
Ulmich
Grübele
Litz
Patteriol
3056
Fasul-H.
Fasulbach
Ebne
188
Verwallgruppe
Vorarlberg
Tirol
2789
2696
Vollandspitze
2928
Versahl
Vesul-A.
Flathbach
Htr. Kreuz
Bizul-A.
Scheidsee
Paznaun
Ischgl
3089
Vesulspitze
Ibau-A.
Neue Heilbronner H.
2308
2890
Schrottenkopf
Friedrichshafner H.
Mathon
Valzur
Trisanna
Pardatschgrat-Bahn
3032
Idalpe (2307)
2894
Österreich
Schweiz
Versalspitze
2462
Zeinisjoch-H.
1822
Tschafein
Silvrettabahn
2871
Alp Trida
Partenen
Wirl
Galtür
1583
Larain-A.
Boden
Fimbertal
Laret
Compats
Stausee Kops
Ballunspitze
2671
Mauths.
Dreiköpfl
2970
Gampenalm
Ravaisch
(1835)
Samnaun
Samnauntal
Samnaungruppe
Gr. Vermuntsee
2754
Vallüla
2813
Jamtal
Larainbach
Fimberbach
Schnapfen-A.
2949
3015
Fimber-A.
3097
Zollfreie Zone
Bielerhöhe
2036
Silvretta-Hochalpenstr.
Bodmerspitze
2851
10%
Rote Wand
Vesilspitze
(2264)
Heidelberger H.
Madlener H.
Silvretta-stausee
14%
Jambach
Fluchthorn
3399
Stammerspitze
3254
Muttler
3294
Chöglias
Brancla
Hohes Rad
2934
Jamtal-H. (2165)
Ochsental
Griosch
2703
Rauher Kopf
3101
Futschölpass
3047
Tirol
Graubünden
Tschlin
Piz Arina
2832
Wiesbadner H. (2443)
(3228)
3179
Piz Tasna
Piz Spadla
2912
Val Sinestra
Lavrand
Vnà
3244
3312
Dreiländer-Sp.
3197
Piz Buin
Tuoi-H.
2250
Piz Minschun
3068
Ramosch
Silvretta
Valmela
Motta Naluns
Flöna
Sent
Sur-En
Crusch
Marangun
Piz Champatsch
2958
Piz Cotschen
3030
Tasnan
Piz Linard
3411
5 km
Chamanna Cler
Laret
Motta Naluns-Gondelbahn
Ftan
(1244)
Scuol/Schuls
Inn
Unterengadin
San Jon
Uina dadora
Val d'Uina
Piz S-chalambert
La Clozza
Guarda
Ardez
Vulpera
Schloss
Linard-H.
Piz Lischana
3105
Ch.na Lischana
Cima
Giarsun
Stemsbg.
Valatscha
Sur En
Tarasp-Fontana
Lavin
Caschinas
Susch
Nuna
Piz Pisoc
3147
Plantaturm
Alp Sumpuoir
Zuort
Piz Madlein
3099
Piz d'Arpiglias
3027
Piz della
3119
3092

D
E
F
15
19
109
Leiterspitze
2750
Steinsee-H.
Memminger H.
Württemberger H.
(2220)
Sewiseen
Starkenbach
Alfutz-A.
Schönwies
Starken-
bach
Mils
Mils b.Imst.
Gunglgrun
Karrösten
Karres
Karreser-A.
Roppen
Mairhof
Imsterau
Imsterbg.
Trotana
Saurs
Pitztal
Wald
Hoheneck
Schönwies
Grist
Lahnbach
Rifenal
Zams
Lochbach
Perjen-Tunnel
(4000 m)
Perjen
Stanz
Blons
Ried
Ob.-
-Leins
Unt.-
Brennwald
Wenns
(979)
Larchach
Zum hl.Johannes
Pitzenhof
Walderbach
Bloße
2538
Seeleisp.
Augsburger H.
(2289)
Grins
Bruggen
Quadratsch
Perfuchs
Pians
LANDECK
Pfarrkirche
Venet-B.
2513
2208
Krahbg.
Schatzerbg.
Gogles-A.
Matzlewald
Taschen
Piller
Kienberg
Jerzens
Hochzeiger Hs.
Hochzeiger
2974
Wildgrat
Erlang
Fließ
Pillerhöhe
1558
Fuchsmoos
Graslehen
Rietzenried
Lehn
E 60
Trisanna Brücke
Giggl
Feld
Tobadill
Trisanna
Hochgallmig
Urgen
Niedergallmig
Puschlin
Pontlatzer Brücke
Aifen-Sp.
2566
Köpfle
2836
Wiese
Zaunhof
Hairlach
Gries
Bad
Obladis
Entbruck
Ladis
2493
Schönjöchl
2936
Rotpleiskopf
Faggen
Kauns
Falpans
Kaunerberg
Prutz
Maria Himmelfahrt
Grimstein
Kalten-
brunn
Peschelkopf
Neuberg-A.
Nufels
2915
Fiss
Ried im Oberinntal
(1427)
Fendels
Joch-H.
Roter
Schrofen
2704
Boden
Gsell-A.
Rofelewand
3354
Weixmann
Furgler
3004
Kölner-Hs.
Sertaus
Komperdellbahn
(2022)
Komperdellalpe
Schl. Siegmundsried
Mühlbach
Feichten
Pezidkopf
2770
Masner H.
3035
33
Steinbrück
Grasse
(2025)
Verpeil-H.
Tösens
Boden
2178
Matonberg
Stein
Anton-Renk-H.
Kupphof
Trenk
Lafairs
Birkach
Stubner Bach
Inn
XI-V
3533
(2811)
Kaunergrat H.
Pfroslkopf
3148
Watzespitze
Wand
Frudigerjoch
2150
Am See
2698
Stuben
Kreuzjoch
Ht.Kobl
Pfunds
(972)
Platz-A.
Platzbach
Kaunertaler Gletscherpanorama-straße
Sperrenhaus
Riffelsee
Noggels
Kajetansbrücke
Htr.-Greit
Glockhaus
3101
Blei- und Silberbergwerk
Hochjoch
2877
Wurmtalerkopf
3228
Kaltenwirt
Radurschlbach
Stausee Gepatsch
Schalkl
Schmalzkopf
2724
Vinadi
Finstermünzpass
(1188)
Wildmoos
Radurschl-Hs.
Plangerossspitze
Kaiserseen
2942
Bliggspitze
3398
Taschachbach
Taschach-
haus
2433
Gufl
Port
Partitsch
Schartlkopf
2808
Tschey-A.
Hohenzollern-H.
(2123)
3355
Gepatsch-Hs.
(1928)
Nauders
(1394)
Schl.Naudersberg
Nauderer Skihütte
Bergkastelbahn
Norberts-
höhe
1461
Glockturm
Seekarkopf
3066
3144
Hochvernagtspitze
3539
Tiefhof
(1574)
Fuhrmannsloch
9%
Gr.
Schafkopf
2999
2912
Tirol
Südtirol
Kaunertal Gletscherbahn Sommer-Skilauf
Rauhekopf-H.
(2732)
Fluchtkogl
3500
Gepatsch-
Ferner
Weißseespitze
3526
(3272)
Brandenburger-Hs.
2808
1504
P.so di Résia
Reschenpass
Rèsia
Reschen
1497
Hinterkirch
Pazzin
Patzin
Karlinb.
Melago
P.Lago Bianco
Rifugio Pio XI
Weißkugel-H.
2544
Fror
Arlund
Caprone
Kapron
Pedros
Langtauferertal
Valle Lunga
Maseben
Melag-A.
M.ga di Melago
3486
Hintereisspitze
3068
Perwarg
Giern
Rojen
Spinn
Curon Venosta
Graun i.V.
Am Tiergarten
3200
Falbanair-
spitze
St.Wendelin
Palla Bianca
Weißkugel
3739
Rif.Bellavista
2842
Schöne Aussicht
Neue S
(Martin
Hausla
C.ma Undici
Elferspitze
2652
Endkopf
L. di Resia
Reschensee
2925
Alpe di Muta
Haider-A.
2853
S.Valentino alla Muta
St.Valentin auf der Haide
P.ta di Valbella
Valvelspitze
3359
Schwemsserspitze
3456
3251
Corteraso/Maso Corto
Kurzras
Schnalser Bach
Saldurkamm
Monteplair
Dörfl
46
L. d. Muta
Haider See
Hinterberger H.
Knottberg H.
Piavenna
Plaven
Alsago
Alsack
Planeiltal
Punib.
Pizzo Pórtles
Kutt-H.
Punta Saldur
Saldurspitze
3435
Vernagt stausee
M.Vàtles
Etsch
40
180
184
185
135
132
133
140
144
145
171

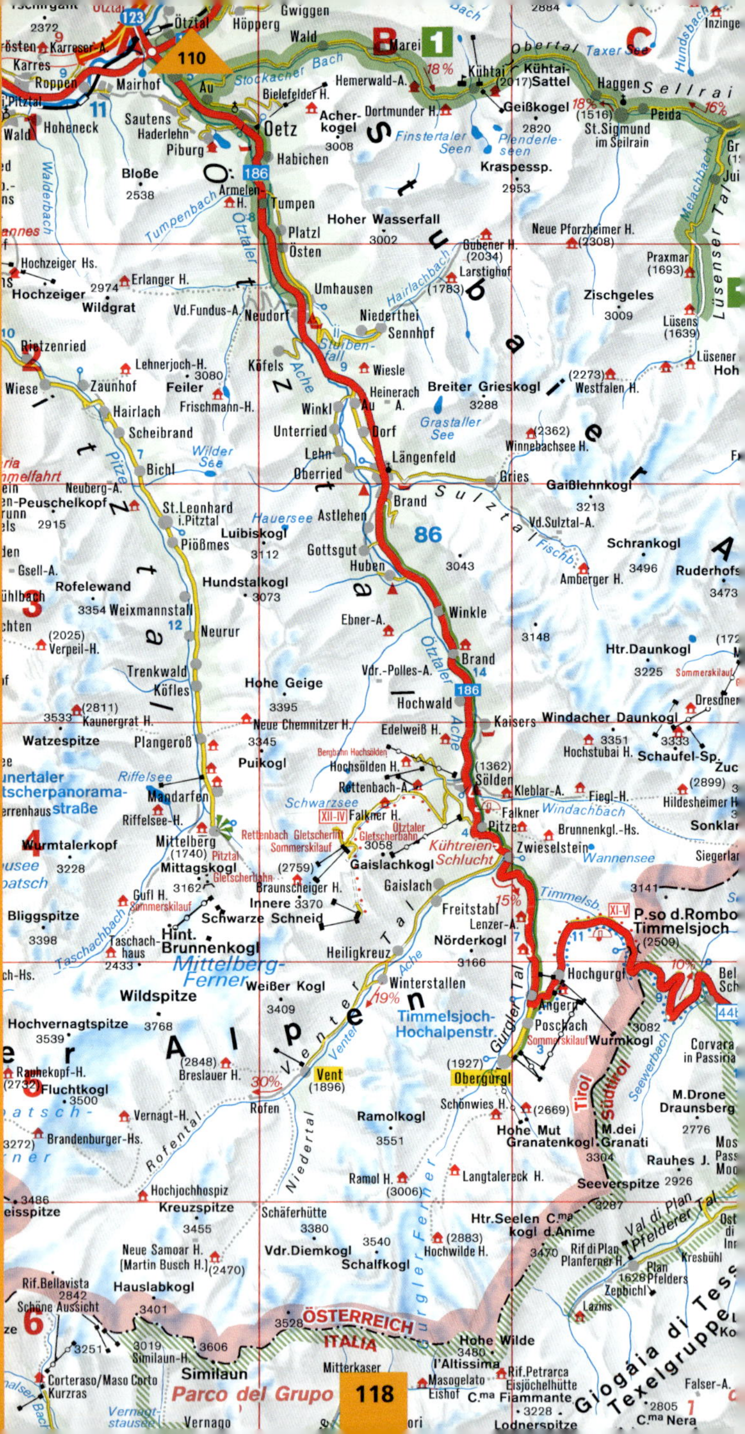
110
123
Ötztal
Gwiggen
Höpperg
Wald
B
1
Marei
Obertal
Taxer See
C
Hundsbach
2884
Inzinge
2372
Karres
Karreser-A.
Roppen
Mairhof
Au
Stockacher Bach
Hemerwald-A.
18%
Kühtai
(2017)
Kühtai-Sattel
Haggen
Sellrai
Pitztal
11
Hoheneck
Sautens
Haderlehn
Bielefelder H.
Oetz
Acher-kogel
3008
Dortmunder H.
Finstertaler Seen
Geißkogel
2820
Plenderle-seen
18%
(1516)
St.Sigmund im Seilrain
Peida
16%
Wald
Piburg
Habichen
Kraspessp.
2953
Bloße
2538
Walderbach
186
Armelen-H.
Tumpen
Tumpenbach
Ötztaler
Platzl
Hoher Wasserfall
3002
Neue Pforzheimer H.
(2308)
Melachbach
Lüsenser Tal
Östen
Gubener H.
(2034)
Larstighof
(1783)
Praxmar
(1693)
Hochzeiger Hs.
Erlanger H.
2974
Hochzeiger
Wildgrat
Umhausen
Hairlachbach
Zischgeles
3009
Vd.Fundus-A.
Neudorf
Niederthei
Sennhof
Lüsens
(1639)
Rietzenried
Stuibenfall
Lüsener
Lehnerjoch-H.
3080
Köfels
9
Wiesle
(2273)
Westfalen H.
Wiese
Zaunhof
Feiler
Ache
Heinerach
Au
A.
Breiter Grieskogl
3288
Frischmann-H.
Winkl
Hairlach
Unterried
Dorf
Grastaller See
(2362)
Scheibrand
Winnebachsee H.
Wilder See
7
Lehn
Längenfeld
Bichl
Oberried
Gries
Neuberg-A.
Sulztal
Gaißlehnkogl
Peuschelkopf
Brand
3213
2915
St.Leonhard i.Pitztal
Hauersee
Astlehen
Vd.Sulztal-A.
Luibiskogl
86
Pitze
Pißmes
3112
Gottsgut
Fischb.
Schrankogl
3043
3496
Gsell-A.
Huben
Amberger H.
Ruderhofs
Rofelewand
Hundstalkogl
3073
3473
3
3354
Weixmannstall
12
Winkle
(2025)
Verpeil-H.
Neurur
Ebner-A.
3148
Trenkwald
Brand
Htr.Daunkogl
Vdr.-Polles-A.
14
3225
Sommerskilauf
Köfles
Hohe Geige
186
(2811)
3395
Hochwald
3533
Kaunergrat H.
Dresdner
Neue Chemnitzer H.
Kaisers
Windacher Daunkogl
Edelweiß H.
Watzespitze
Plangeroß
3345
3351
3333
Hochstubai H.
Schaufel-Sp.
Bergbahn Hochsölden
Puikogl
Hochsölden H.
(1362)
Sölden
(2899)
Riffelsee
Rettenbach-A.
Kleblar-A.
Fiegl-H.
Hildesheimer H.
Pitztaler Gletscherpanorama-straße
Mandarfen
Schwarzsee
Falkner
Windachbach
Riffelsee-H.
XII-IV
Falkner H.
Pitze
Brunnenkgl.-Hs.
Sonklar
4
Wurmtalerkopf
Ötztaler Gletscherbahn
Mittelberg
Rettenbach Gletscherlift
Sommerskilauf
Kühtreien-Schlucht
(1740)
Pitztal
3058
Zwieselstein
Wannensee
Siegerlar
Mittagskogl
Gaislachkogl
3228
Gletscherbahn
(2759)
3162
Gaislach
Timmelsb.
Braunschweiger H.
15%
3141
Gufl H.
XI-V
Sommerskilauf
Innere 3370
Freitstabl
P.so d.Rombo
Bliggspitze
Schwarze Schneid
Tal
Lenzer-A.
Timmelsjoch
Taschachbach
(2509)
Hint.
Nörderkogl
3398
Taschach-haus
Brunnenkogl
Heiligkreuz
7
11
2433
Mittelberg-Ferner
3166
10%
Weißer Kogl
Winterstallen
Hochgurgl
Wildspitze
19%
Angern
3409
Timmelsjoch-Hochalpenstr.
Hochvernagtspitze
3768
Poschach
3082
3539
Alpen
Venter Tal
Sommerskilauf
Wurmkogl
Corvara in Passiria
(2848)
Breslauer H.
(1927)
Rauhekopf-H.
Vent
(1896)
Obergurgl
(2732)
Fluchtkogl
30%
Gurgler Tal
Tirol
Südtirol
3500
M.Drone
Rofen
Schönwies H.
(2669)
Draunsberg
Vernagt-H.
Ramolkogl
Hohe Mut
2776
Brandenburger-Hs.
Rofental
3551
Granatenkogl.
M.dei Granati
(3272)
Niedertal
3304
Rauhes J.
Ramol H.
(3006)
Langtalereck H.
Seeverspitze 2926
Seewerbach
3486
Hochjochhospiz
Kreuzspitze
Schäferhütte
3287
3380
Htr.Seelen kogl
C.ma d.Anime
Val di Plan
Pfelderer Tal
3455
Neue Samoar H.
3540
(2883)
[Martin Busch H.]
(2470)
Vdr.Diemkogl
Hochwilde H.
3470
Rif di Plan
Planferner H.
Kresbühl
Schalfkogl
Gurgler Ferner
Plan
1628
Pfelders
Rif.Bellavista
2842
Hauslabkogl
Zepbichl
Schöne Aussicht
3401
Lazins
6
ÖSTERREICH
3528
3251
3019
3606
ITALIA
Hohe Wilde
Similaun-H.
3480
Similaun
Mitterkaser
l'Altissima
Rif.Petrarca
Corteraso/Maso Corto
Eisjöchelhütte
Masogelato
Kurzras
Eishof
Giogáia di Tessa
Texelgruppe
Parco del Grupo
C.ma Fiammante
Falser-A.
3228
2805
Vernago
C.ma Nera
Lodnerspitze

111

Kammerland
Gasse
Grinzens
Axams
Neugötzens
Natters
Mutters
Nockhof
Schl. Hohenburg
Igls
Patsch
Tulfein-A.
Naturfreundehs.
Krieger-Kp.
Quirin
ellrain
Mutterer A.
Muttereralmbahn
Kreith
Ritaiser A.
Europabrücke
Patsch-Igls
Patscherkofelbahn
Glungezer-H.
Meißner Hs. 2677
Glungezer
Sendersbach
Hoadlstr.
Rothenbrunn
Birgitzköpfl-H.
Hoadl
2340
Olympiabahn
Schönbg.
Schönberg
Mühltal
Mühltaler Bach
Axamer Lizum
Kemater A.
Kalkkögel
2556
Froneben
Telfes
Stubaital
Mieders
Ellbögen
Tuxe
Sonn
2620
Fotsch
Fotscher Bach
A.-Pichler H. (2030)
Schlicker A.
Fulpmes
Gedeier
Matrei
Rauher Kamm
2654
Pfons
Oberweg
Navisbach
Navis (1340)
Potsdamer H.
2813
Hoher Burgstall
Mühle
Medraz
Mützens
Maria Waldrast
2718
Matrei a.Br.
Unterweg
St. Kathrein
Schwarzhorn
2631
Knappen H.
Starkenburger H.
Ruetzbach
Serles
Matrei-Steinach
Oberbergbach
Bärenbad
Neder
Kamplhöhle
Tienzens
Schafseitenspi
2602
Sedugg
Neustift im Stubaital
Blaser H.
Mauern
Padasteralm
Wipptalerhof
(1048)
Steinach a.B.
Milders
Merzeben-H.
Elfer H.
Trins
Oberbergtal
Kerachspitze
2919
Schaller
Padasterjoch-H.
Gschnitztal
Schmirn
Außerschm
Schl. Schneebg.
Stafflach
Krößbach
Pinnis-A.
Gasteig
Nößlachjoch
2331
St. Jodok
Nößlach
Kar-A.
Außervals
Vals
Valser Bach
Innerva
Unterbergtal
(2286)
Falbeson
Habicht
3277
Gschnitz
Gschnitzbach
Sandesb.
St. Magdalena
Gries a.Br.
Gries
N.-Ranalt
(1260)
Innsbrucker H.
Obertal
Solde
Rötenspitze
2481
Vinaders
Brennersee
Seebach
Obernberg a.Br.
Obernbergtal
Brenner-see
Laponis-A.
Moaer-Sp.
2781
AV-Jugendheim
Fraden-A.
Kreuzjoch
2243
Brennerpass
1375
P.so del Brenner
Bremer H. (2413)
Tribulaun-H. (2064)
Pflerscher Tribulaun
3096
Nürnberger H. (2297)
2379
Obernberger See
Brenner
Brennero/Brenner
Tribulaun-H.
3016
Terme di Brennero
Brennerbad
Terme di Brennero/Brennerbad
Östl. Feuerstein
3268
Rif. Cremona
Schneespitz-H.
Pflerschbach
Fleres
Pflersch
Grubenkopf
Camina
Kemate
Rif. Cima Libera
Pfaffennieder H.
Val di Fleres
Pflerschtal
Annichen
2337
Ponticolo/Brenner Ort
M.ga Zirago
1441
Monte Alto
Hocheck
2865
Rif. Gallina
Saletto
Wieden
1308
Pfitsc
Rif. Biasi
Becher H.
Ridnaun
C.ma di Tempo
Wetterspitze
2709
Valmigna
Valming
1098
Colle Isarco
Gossensaß
Riederberg-A.
Hühnerspiel
Pfitscher Ta
Il Capro
Botzer
3260
L. Torbo
Trüber See
Lazzacher B.
Masseria
Maiern
Rif. M. Cavallo
2189
Flanes
Flans
Straßberg
Novale
Ried
Avénes
Afens
Stausee
In der Wöl
Mt. Egeten-see
2807
Egetensee
Val Ridanna
Ridanna
Ridnaun
Plan
M. Cavallo
Roßkopf
2189
Ceves
Tschöls
Eisack
Prati
Wiesen
Val di Vizze
L. Se
Wild
S. Martino
Monteneve
St. Martin am Schneeberg
Kasten
Posch-Hs.
Ridnauntal
Mareta
Mareit
Telves
Telfes
Stanga
Stange
Vipiteno/Sterzing
VIPITENO
STERZING
948
Trens
Campo di Trens
Freienfeld
Senge
Hochspitze
2424
Autoporto
Racines
Ratschings
Racines
Casateia
Gasteing
Pruno
Elzenbaum
Flanes
Flans
Ratschingsb.
Flading
Val
Höfen
di
Colle
Bichl
Ratschingstal
Calice
Kalch
Verdins
Trens
Stilves
Stilfes
Müles
Mauls
M. Altacroce
Hohe Kreuz-Sp.
2744
Val Giovo
Jaufental
Val di Mezzo
Mittertal
Dosso
Egg
Jaufenpass
P.so di Monte Giovo
2099
Jaufenb.
Val di Sopra
Oberthal
Zinseler
2422
Eggertalb.
Droter
Valtina
Walten
2480
P.ta di M. Giovo
Jaufenspitze
Passeiertal
Gleiten
Senneberger A.
Le Cave
Grasstein
Eisack
Stulles
Plata
Stuls
Platt
St. Johann
Grubenhof
Waltenb.
2214
Penser Joch
P.so di Pénnes
fas
faß
Pianlargo
Breitleben
S. Leonardo in P.
St. Leonhard i.P.
Capp. A. Hofer
Corno Bianco
Weißhorn
2705
Puntleider See
C.no di Tramin
Tagewaldhorn
Maso d. Rena
Sandwirt
Guardialta
Hochwart
2746
Laste
Asten
2708
Val Passiria
S. Martino in P.
St. Martin i.P.
Weißenb.
Wink
Alplerspitz
St. Johann
Unt. Flag
atatz-Sp.
2179
Pfandl-H.
Prantago
Prantach
Büchele
Riobianco
Weißenbach
Alpler-A.
Pénnes
Pens
Außerpens
C.ma S. Giacomo
Jakobsspitze
2742
Flaggerbach
Monti Sarentini
2752
P.d. Alpetta
Alplerspitz
C.ma di Quaira
Karnspitze
2412
Durnholzer See
Durnholzerb.
5 km
Rif. Punta Cervina
Hirzer H.
S. Orsola
Schweinsteg
2781
Corvara
Rabenstein
Valdurna
Durnholz
1983
P. Cervina
Prene
Passer

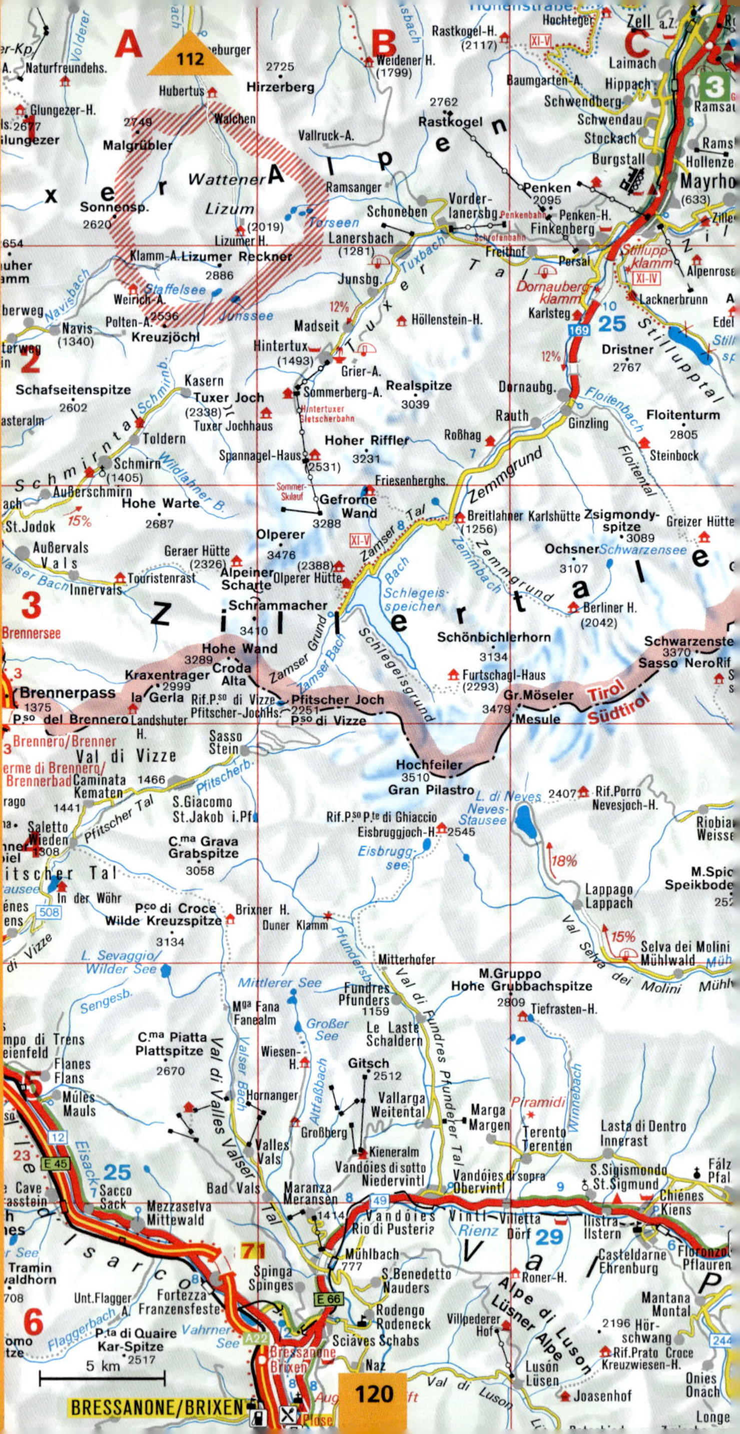

A
B
C
112
Naturfreundehs.
Glungezer-H.
Glungezer
Hubertus
Hirzerberg
2725
Weidener H.
(1799)
Rastkogel-H.
(2117)
Hochteger
Zell a.Z.
Laimach
Baumgarten-A.
Hippach
Schwendberg
Ramsau
Schwendau
Stockach
Burgstall
Hollenzen
Mayrhofen
(633)
Rastkogel
2762
Vallruck-A.
Walchen
Malgrübler
2749
Wattener Lizum
(2019)
Lizumer H.
Sonnensp.
2620
Tuxer Alpen
Ramsanger
Schoneben
Vorderlanersbg
Penkenbahn
Penken
2095
Penken-H.
Finkenberg
Torseen
Lanersbach
(1281)
Schrofenbahn
Freithof
Persal
Stillupp-klamm
Alpenrose
Klamm-A.
Lizumer Reckner
2886
Junsbg.
Tuxbach
Tuxer Tal
Dornauberg-klamm
Lacknerbrunn
Staffelsee
Junssee
Weirich-A.
Polten-A.
2536
Kreuzjöchl
Navisbach
Navis
(1340)
Madseit
12%
Höllenstein-H.
Karlsteg
169
25
Stilluppsee
Stillupptal
Edel
Hintertux
(1493)
Grier-A.
Dristner
2767
Schafseitenspitze
2602
Kasern
Tuxer Joch
(2338)
Tuxer Jochhaus
Sommerberg-A.
Hintertuxer Gletscherbahn
Realspitze
3039
Dornaubg.
Floitenbach
Rauth
Ginzling
Floitenturm
2805
Toldern
Schmirntal
Schmirnb.
Spannagel-Haus
(2531)
Hoher Riffler
3231
Roßhag
Steinbock
Floitental
Schmirn
(1405)
Wildlahner B.
Sommer-Skilauf
Friesenberghs.
Zemmgrund
Außerschmirn
Hohe Warte
2687
Gefrorne Wand
3288
Breitlahner
(1256)
Karlshütte
Zsigmondyspitze
3089
Greizer Hütte
St. Jodok
15%
Olperer
3476
Zamser Tal
Zemmbach
Ochsner
3107
Schwarzensee
Außervals
Vals
Valser Bach
Innervals
Geraer Hütte
(2326)
Touristenrast
Alpeiner Scharte
(2388)
Olperer Hütte
Schlegeisspeicher
Bach
Zemmgrund
Berliner H.
(2042)
Zillertaler
Brennersee
Schrammacher
3410
Schlegeisgrund
Schönbichlerhorn
3134
Schwarzenstein
3370
Sasso Nero
Hohe Wand
3289
Croda Alta
Zamser Grund
Zamser Bach
Kraxentrager
2999
la Gerla
Furtschagl-Haus
(2293)
Brennerpass
1375
P.so del Brennero
Landshuter H.
Rif.P.so di Vizze
Pfitscher-JochHs.
Pfitscher Joch
2251
P.so di Vizze
Gr.Möseler
3479
Mesule
Tirol
Südtirol
Brennero/Brenner
Sasso Stein
Val di Vizze
Terme di Brennero/ Brennerbad
Caminata
Kematen
1466
Pfitscherb.
Hochfeiler
3510
Gran Pilastro
L. di Neves
Neves-Stausee
2407
Rif.Porro
Nevesjoch-H.
1441
S.Giacomo
St.Jakob i.Pf.
Pfitscher Tal
Rif.P.so P.te di Ghiaccio
Eisbruggjoch-H.
2545
Saletto
Wieden
1308
C.ma Grava
Grabspitze
3058
Eisbruggsee
18%
Pfitscher Tal
In der Wöhr
508
Lappago
Lappach
P.co di Croce
Wilde Kreuzspitze
3134
Brixner H.
Duner Klamm
Val Selva dei Molini
15%
Selva dei Molini
Mühlwald
L. Sevaggio/ Wilder See
Pfundersb.
Mitterhofer
M.Gruppo
Hohe Grubbachspitze
2809
Mittlerer See
Fundres
Pfunders
1159
Val di Fundres Pfunderer Tal
Tiefrasten-H.
Sengesb.
Campo di Trens
Freienfeld
C.ma Piatta
Plattspitze
2670
Val di Valles
Valser Bach
Mga Fana
Fanealm
Großer See
Le Laste
Schaldern
Wiesen-H.
Flanes
Flans
Gitsch
2512
Altfaßbach
Mules
Mauls
Hornanger
Vallarga
Weitental
Marga
Margen
Piramidi
Winnebach
Terento
Terenten
Lasta di Dentro
Innerast
Großberg
12
Valles
Vals
Kieneralm
Valser Tal
E 45
Eisack
25
Vandoies di sotto
Niedervintl
Vandoies di sopra
Obervintl
S.Sigismondo
St.Sigmund
Fälz
Pfal
Chiénes
Kiens
Le Cave
Grasstein
Sacco
Sack
Bad Vals
Maranza
Meransen
1414
49
Vandoies
Rio di Pusteria
Vintl
Villetta
Dörf
29
Ilstra
Ilstern
Mezzaselva
Mittewald
Rienz
Val Pusteria
Valle Isarco
71
Mühlbach
777
Casteldarne
Ehrenburg
Floronzo
Pflaurenz
Tramin
Waldhorn
Spinga
Spinges
S.Benedetto
Nauders
Roner-H.
Unt.Flagger A.
Fortezza
Franzensfeste
E 66
Alpe di Luson
Lüsner Alpe
Mantana
Montal
Rodengo
Rodeneck
Villpederer Hof
2196
Hörschwang
Rif.Prato Croce
Kreuzwiesen-H.
Flaggerbach
P.ta di Quaire
Kar-Spitze
2517
Vahrner See
A22
Sciaves
Schabs
Bressanone
Brixen
Naz
Val di Luson
Luson
Lüsen
Onies
Onach
5 km
BRESSANONE/BRIXEN
120
Joasenhof
Longe

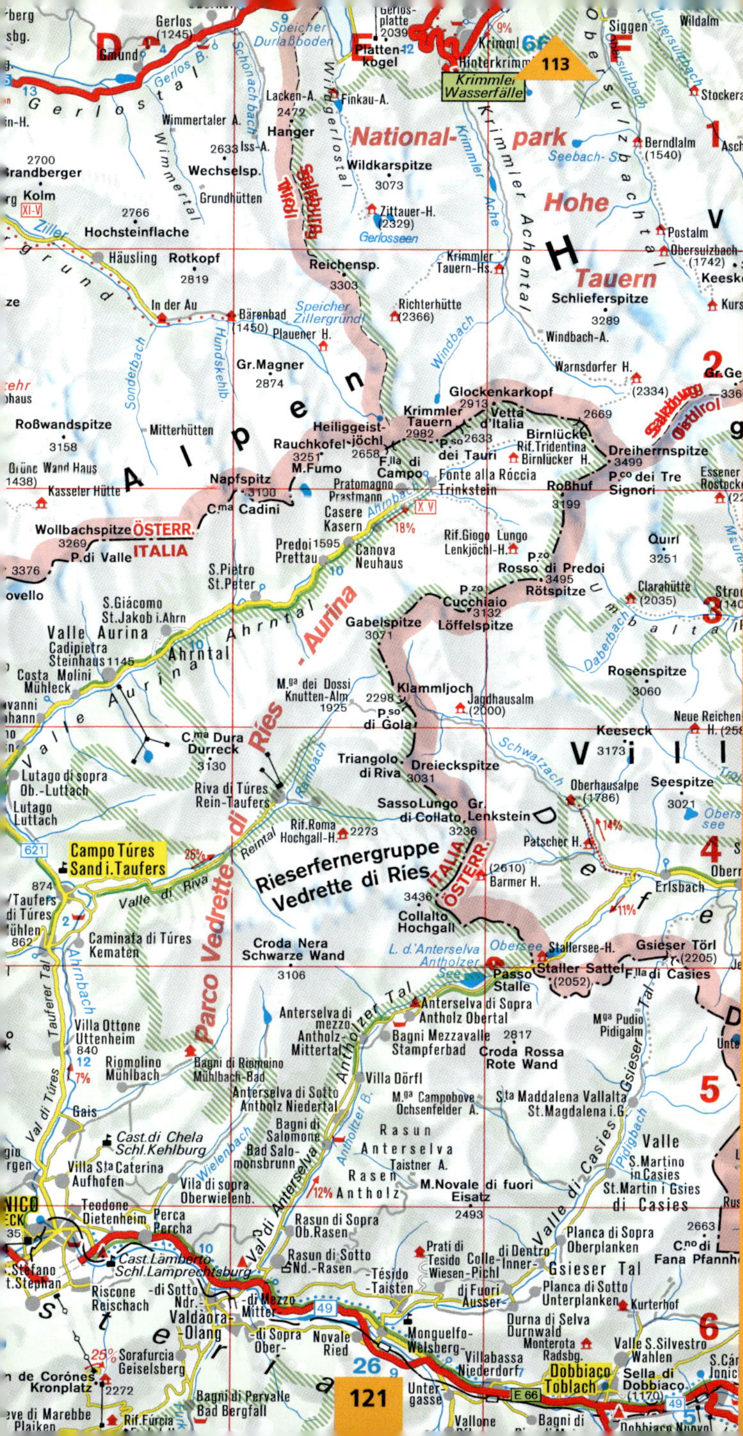

113
121
Gerlos (1245)
Gmünd
Gerlostal
Speicher Durlaßboden
Gerlosplatte 2039
Plattenkogel
Krimml
Hinterkrimml
Krimmler Wasserfälle
Siggen
Wildalm
Obersulzbachtal
Stockeralm
Lacken-A. 2472
Finkau-A.
Wimmertaler A.
Wimmertal
Hanger
Wildgerlostal
National- park
Hohe Tauern
Iss-A. 2633
Wechselsp.
Wildkarspitze 3073
Berndlalm (1540)
Seebach-See
Grundhütten
Tirol
Salzburg
Zittauer-H. (2329)
Gerlosseen
Postalm
Obersulzbach-H. (1742)
Krimmler Achental
Krimmler Ache
2700
Brandberger Kolm
XI-V
2766
Hochsteinflache
Zillergrund
Häusling
Rotkopf 2819
Reichensp. 3303
Krimmler Tauern-Hs.
Speicher Zillergründl
Richterhütte (2366)
Schlieferspitze 3289
Keeskogel
Kürsinger H.
In der Au
Bärenbad (1450)
Plauener H.
Windbach
Windbach-A.
Sonderbach
Hundskehlb.
Gr.Magner 2874
Warnsdorfer H. (2334)
Roßwandspitze 3158
Mitterhütten
Glockenkarkopf 2913
Krimmler Tauern 2982
Vetta d'Italia
2669
Salzburg
Osttirol
Heiliggeist-jöchl 2658
Rauchkofel 3251
M.Fumo
P.so dei Tauri 2633
Birnlücke
Rif.Tridentina
Birnlücker H.
Dreiherrnspitze 3499
Grüne Wand Haus (1438)
Kasseler Hütte
Alpen
Napfspitz 3100
Cma Cadini
F.lla di Campo
Pratomagno Prastmann
Fonte alla Róccia Trinkstein
Roßhuf 3199
P.co dei Tre Signori
Essener Rostocker
Casere Kasern
Ahrnbach
X-V
18%
Wollbachspitze
ÖSTERR.
ITALIA
3269
P.di Valle
3376
Predoi 1595 Prettau
Canova Neuhaus
Rif.Giogo Lungo Lenkjöchl-H.
Quirl 3251
P.zo Rosso di Predoi 3495
Rötspitze
Umbaltal
Clarahütte (2035)
S.Pietro St.Peter
Novello
S.Giácomo St.Jakob i.Ahrn
Ahrntal
Aurina
P.zo Cucchiaio 3132 Löffelspitze
Gabelspitze 3071
Daberbach
Valle Aurina
Cadipietra Steinhaus 1145
Costa Molini Mühleck
Rosenspitze 3060
M.ga dei Dossi Knutten-Alm 1925
2298
P.so di Gola
Klammljoch
Jagdhausalm (2000)
Keeseck 3173
Neue Reichenberger H.
Cma Dura Durreck 3130
Ries
Schwarzach
Villgraten
Lutago di sopra Ob.-Luttach
Lutago Luttach
Triangolo di Riva
Dreieckspitze 3031
Oberhausalpe (1786)
Seespitze 3021
Obersee
Riva di Túres Rein-Taufers
Rambach
SassoLungo di Collato
Gr. Lenkstein 3236
14%
Defereggen
Patscher H.
621
Campo Túres Sand i.Taufers
26%
Reintal
Rif.Roma Hochgall-H. 2273
Rieserfernergruppe Vedrette di Ries
ITALIA ÖSTERR.
(2610) Barmer H.
Erlsbach
874
Valle di Riva
Parco Vedrette di Ries - Aurina
3436
Collalto Hochgall
11%
Caminata di Túres Kematen
Croda Nera Schwarze Wand 3106
L. d'Anterselva Antholzer See
Obersee
Staller Sattel (2052)
Stallersee-H.
Passo Stalle
Gsieser Törl (2205)
F.lla di Casies
Ahrnbach
Tauferer Tal
Anterselva di mezzo Antholz-Mittertal
Antholzer Tal
Anterselva di Sopra Antholz Obertal
Bagni Mezzavalle Stampferbad
2817
Croda Rossa Rote Wand
M.ga Pudio Pidigalm
Gsieser Tal
Villa Ottone Uttenheim 840
12
Riomolino Mühlbach
7%
Bagni di Riomolino Mühlbach-Bad
Villa Dörfl
Anterselva di Sotto Antholz Niedertal
M.ga Campobove Ochsenfelder A.
S.ta Maddalena Vallalta St.Magdalena i.G.
Val di Túres
Gais
Bagni di Salomone Bad Salomonsbrunn
Rasun Anterselva
Taistner A.
Rasen Antholz
Valle S.Martino in Casies
Pidigbach
Cast.di Chela Schl.Kehlburg
Wielenbach
Villa S.ta Caterina Aufhofen
Vila di sopra Oberwielenb.
12%
M.Novale di fuori Eisatz 2493
St.Martin i Gsies
Valle di Casies
Teodone Dietenheim
Perca Percha
Val di Anterselva
Rasun di Sopra Ob.Rasen
Planca di Sopra Oberplanken
2663
C.no di Fana Pfannhorn
Cast.Lamberto Schl.Lamprechtsburg
Rasun di Sotto Nd.-Rasen
Prati di Tesido Wiesen-Pichl
Colle-Inner- di Dentro
Gsieser Tal
S.Stefano St.Stephan
Riscone Reischach
-di Sotto Ndr.-
-di Mezzo Mitter-
Valdaora-Olang
-Tésido -Taisten
di Fuori Ausser-
Planca di Sotto Unterplanken
Kurterhof
49
Durna di Selva Durnwald
Monterota Radsbg.
-di Sopra Ober-
Novale Ried
Monguelfo-Welsberg-
Valle S.Silvestro Wahlen
25%
Sorafurcia Geiselsberg
26
Villabassa Niederdorf
Dobbiaco Toblach
Sella di Dobbiaco (1170)
Plan de Corónes Kronplatz 2272
Bagni di Pervalle Bad Bergfall
Untergasse
E 66
Pusteria
Pieve di Marebbe
Rif.Fúrcia
Vallone
Bagni di
Dobbiaco Nuovo

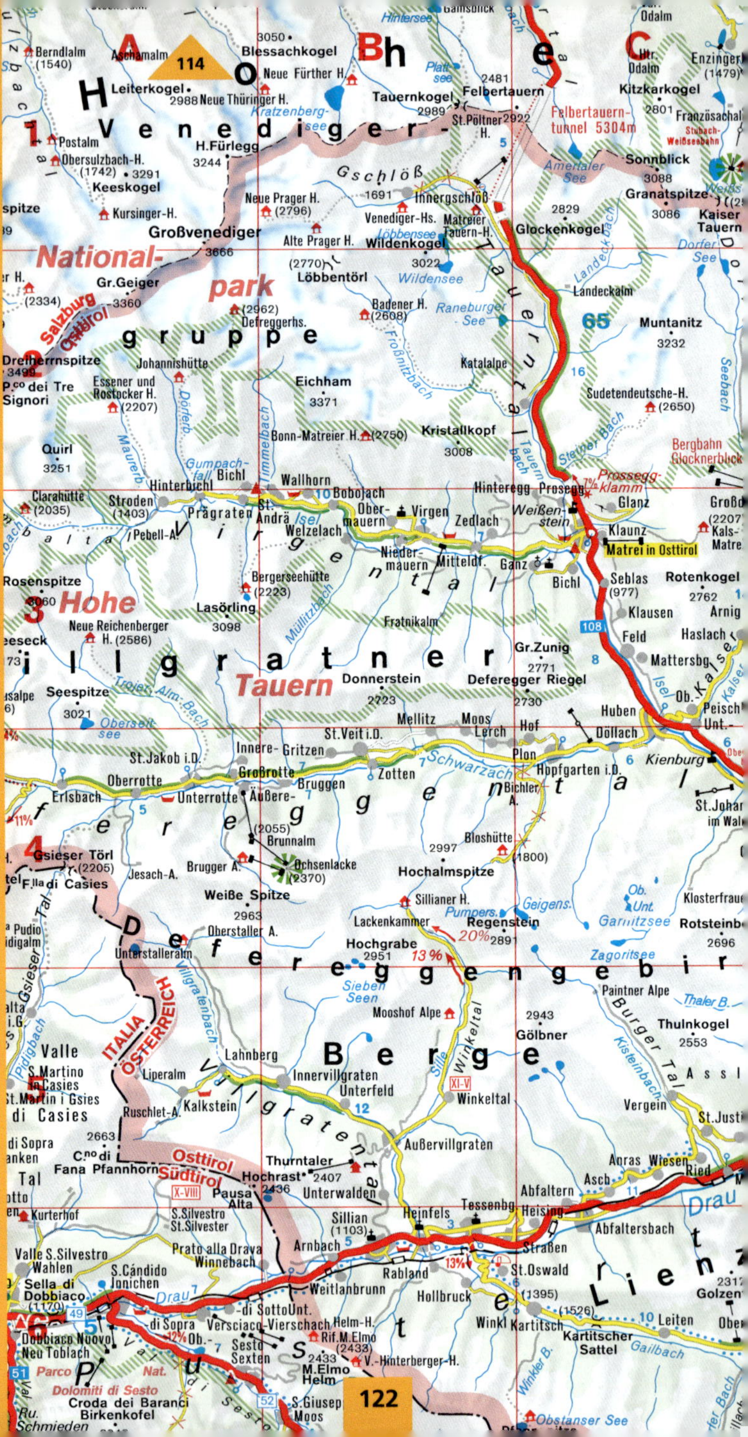
114
Hohe Venediger-gruppe
Nationalpark
Berndlalm (1540)
Aschamalm
Blessachkogel
Neue Fürther H.
Leiterkogel
Neue Thüringer H.
Kratzenbergsee
Tauernkogel
Felbertauern
Felbertauerntunnel 5304m
Odalm
Enzinger
Kitzkarkogel
Französachal
Stubach-Weißseebahn
St.Pöltner H.
Postalm
Obersulzbach-H. (1742)
Keeskogel
H.Fürlegg
Gschlöß
Innergschlöß
Amertaler See
Sonnblick
Granatspitze
Kaiser Tauern
Kursinger-H.
Großvenediger
Neue Prager H. (2796)
Venediger-Hs.
Matreier Tauern-H.
Löbbensee
Wildenkogel
Glockenkogel
Alte Prager H.
Dorfer See
Tauerntal
Löbbentörl
Wildensee
Landeckbach
Landeckalm
Gr.Geiger
Salzburg
Osttirol
Defreggerhs.
Badener H. (2608)
Raneburger See
Muntanitz
Dreiherrnspitze
P.co dei Tre Signori
Johannishütte
Essener und Rostocker H. (2207)
Dorferb.
Eichham
Frosnitzbach
Katalalpe
Sudetendeutsche-H. (2650)
Seebach
Timmelbach
Bonn-Matreier H. (2750)
Kristallkopf
Steiner Bach
Bergbahn Glocknerblick
Quirl
Maurerb.
Gumpachfall
Bichl
Hinterbichl
Wallhorn
Bobojach
Hinteregg
Prosegg
Proseggklamm
Glanz
Clarahütte (2035)
Stroden (1403)
Prägraten
St. Andrä
Isel
Welzelach
Obermauern
Virgen
Zedlach
Weißenstein
Klaunz
Matrei in Osttirol
Pebell-A.
Virgental
Niedermauern
Mitteldf.
Ganz
Bichl
Seblas (977)
Rotenkogel
Rosenspitze
Bergerseehütte (2223)
Hohe Tauern
Lasörling
Müllitzbach
Fratnikalm
Klausen
Arnig
Neue Reichenberger H. (2586)
Villgratner
Feld
Haslach
Gr.Zunig
Mattersbg.
Kalser
Donnerstein
Defregger Riegel
Ob.-Kals
Seespitze
Trojer Alm-Bach
Oberseit see
Mellitz
Moos
Lerch
Hof
Huben
Peisch
Unt.-
St.Veit i.D.
Döllach
Innere-Gritzen
Schwarzach
Plon
St.Jakob i.D.
Großrotte
Zotten
Hopfgarten i.D.
Kienburg
Oberrotte
Bruggen
Erlsbach
Unterrotte
Äußere-
Bichler A.
Defereggental
St.Johann im Walde
Brunnalm
Bloshütte (1800)
Gsieser Törl
F.lla di Casies
Jesach-A.
Brugger A.
Ochsenlacke (2370)
Hochalmspitze
Weiße Spitze
Sillianer H.
Ob. Unt. Garnitzsee
Klosterfrau
Pudio
Oberstaller A.
Lackenkammer
Pumpers.
Geigens.
Regenstein
Rotsteinb
Unterstalleralm
Hochgrabe
Deferegger Gebirge
Zagoritsee
Gsieser Tal
Villgratenbach
Sieben Seen
Paintner Alpe
Mooshof Alpe
Gölbner
Burger Tal
Thaler B.
Thulnkogel
Italia
Österreich
Valle S.Martino in Casies
St.Martin i Gsies
Lahnberg
Liperalm
Innervillgraten
Unterfeld
Winkeltal
Kisteinbach
Vergein
Ruschlet-A.
Kalkstein
Villgratental
St.Justin
di Sopra
C.no di Fana
Pfannhorn
Außervillgraten
Thurntaler
Hochrast
Osttirol
Südtirol
Pausa Alta
Unterwalden
Abfaltern
Asch
Anras
Wiesen
Ried
Drau
Kurterhof
S.Silvestro
St.Silvester
Sillian (1103)
Heinfels
Tessenbg.
Heising
Abfaltersbach
Valle S.Silvestro
Wahlen
Prato alla Drava
Winnebach
Arnbach
Straßen
S.Cándido
Innichen
Sella di Dobbiaco (1170)
Weitlanbrunn
Rabland
St.Oswald
Lienz
Golzen
Hollbruck
(1395)
Kartitsch
Leiten
Dobbiaco Nuovo
Neu Toblach
di Sopra
Versciaco-Vierschach
Helm-H.
Rif.M.Elmo (2433)
Winkl
Kartitscher Sattel
Gailbach
Sesto
Sexten
V.-Hinterberger-H.
M.Elmo
Helm
Parco Nat. Dolomiti di Sesto
Croda dei Baranci
Birkenkofel
S.Giuseppe
Moos
Winkler B.
Obstanser See
122

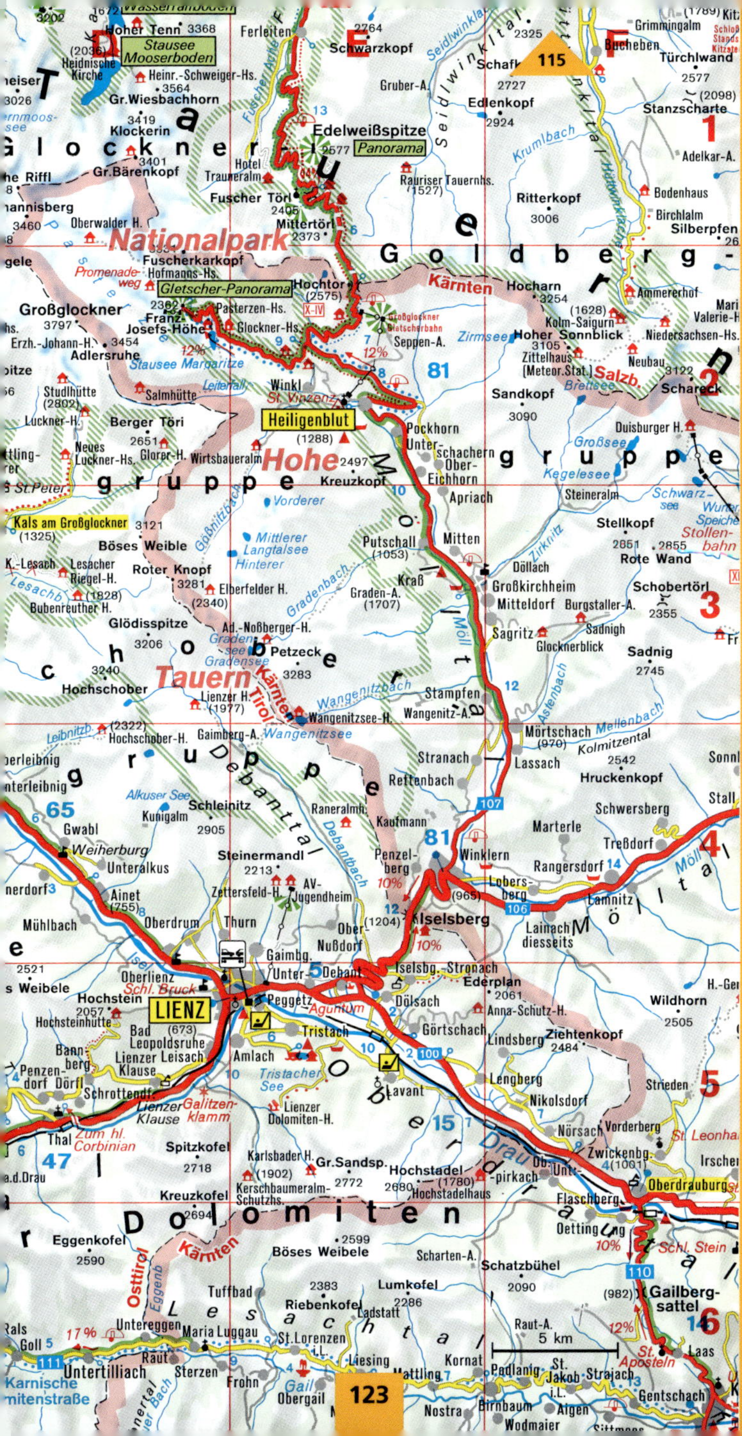

115
Hoher Tenn
3368
Stausee Mooserboden
Heidnische Kirche
Heinr.-Schweiger-Hs.
3564
Gr.Wiesbachhorn
3419
Klockerin
Ferleiten
2764
Schwarzkopf
Seidlwinkltal
2325
Bucheben
Grimmingalm
Türchlwand
2577
Stanzscharte
(2098)
Schafk
2727
Gruber-A.
Edlenkopf
2924
Edelweißspitze
2577
Panorama
Hotel Trauneralm
Glockner
Gr.Bärenkopf
3401
Rauriser Tauernhs.
(1527)
Krumlbach
Adelkar-A.
Bodenhaus
Birchlalm
Silberpfen
Ritterkopf
3006
Fuscher Törl
2405
Mittertörl
2373
Oberwalder H.
Nationalpark
Fuscherkarkopf
Hofmanns-Hs.
Promenadeweg
Gletscher-Panorama
Hochtor
(2575)
X-IV
Goldberg-
Kärnten
Hocharn
3254
Ammererhof
(1628)
Kolm-Saigurn
Hoher Sonnblick
3105
Zittelhaus (Meteor.Stat.)
Niedersachsen-Hs.
Neubau
Salzb.
3122
Schareck
Mari Valerie-H
Großglockner
3797
Erzh.-Johann-H.
3454
Adlersruhe
Franz-Josefs-Höhe
Pasterzen-Hs.
Glockner-Hs.
Großglockner Gletscherbahn
Seppen-A.
Zirmsee
12%
Stausee Margaritze
Leiterfall
Winkl
St. Vinzenz
81
Studlhütte
(2802)
Salmhütte
Luckner-H.
Berger Törl
2651
Neues Luckner-Hs.
Glorer-H.
Wirtsbaueralm
Heiligenblut
(1288)
Hohe
2497
Kreuzkopf
Pockhorn
Unter-schachern
Ober-Eichhorn
Sandkopf
3090
Brettsee
Duisburger H.
Großsee
Kegelesee
gruppe
St.Peter
Vorderer
Apriach
Steineralm
Schwarzsee
Wurten Speicher
Stollenbahn
Kals am Großglockner
(1325)
3121
Böses Weible
Göβnitzbach
Mittlerer Langtalsee
Hinterer
Putschall
(1053)
Mitten
Stellkopf
2651
2855
Rote Wand
Zirknitz
Döllach
Lesach
Lesacher Riegel-H.
Roter Knopf
3281
(2340)
Elberfelder H.
Gradenbach
Kraß
Großkirchheim
Mitteldorf
Burgstaller-A.
Schobertörl
2355
Bubenreuther H.
(1828)
Graden-A.
(1707)
Möll
Glödisspitze
3206
Ad.-Noßberger-H.
Gradensee
Petzeck
3283
Sagritz
Sadnigh
Glocknerblick
Sadnig
2745
Schober
Hochschober
3240
Tauern
Kärnten
Tirol
Lienzer H.
(1977)
Wangenitzbach
Wangenitzsee-H.
Stampfen
Wangenitz-A.
Astenbach
12
Mörtschach
Mellenbach
(970)
Kolmitzental
Leibnitzb.
(2322)
Hochschober-H.
Gaimberg-A.
Wangenitzsee
Debanttal
Stranach
Lassach
2542
Hruckenkopf
Oberleibnig
Unterleibnig
gruppe
Alkuser See
Reftenbach
Schleinitz
2905
Kunigalm
107
Raneralm
Kaufmann
Schwersberg
65
Gwabl
Marterle
Treßdorf
Weiherburg
Unteralkus
Steinermandl
2213
Debantbach
Penzelberg
Winklern
Rangersdorf
14
Lobersberg
(965)
AV-Jugendheim
Zettersfeld-H.
10%
Ainet
(755)
Lamnitz
106
Mölltal
Mühlbach
Oberdrum
Thurn
Ober-Nußdorf
(1204)
Iselsberg
10%
Lainach
diesseits
Gaimbg.
Unter-
Debant
Iselsbg.-Stronach
Isel
2521
Weibele
Oberlienz
Schl. Bruck
Ederplan
2061
Hochstein
2057
Hochsteinhütte
LIENZ
(673)
Peggetz
Aguntum
Dölsach
Anna-Schutz-H.
Wildhorn
2505
Bad Leopoldsruhe
Lienzer Leisach
Tristach
Görtschach
Lindsberg
Ziehtenkopf
2484
Bannberg
Klause
Amlach
100
Penzendorf
Dörfl
Schrottendf.
Tristacher See
Lavant
Lengberg
Strieden
Lienzer Klause
Galitzenklamm
Lienzer Dolomiten-H.
Nikolsdorf
Nörsach
Vorderberg
St. Leonhard
Thal
Zum hl. Corbinian
47
Spitzkofel
2718
Karlsbader H.
(1902)
Gr.Sandsp.
2772
Hochstadel
2680
(1780)
Hochstadelhaus
Drau
Ob.-Unt.-pirkach
Zwickenbg.
(1001)
Oberdrauburg
Irscher
Kreuzkofel
Kerschbaumeralm-Schutzhs.
2694
Dolomiten
Flaschberg
Oetting
10%
Schl. Stein
Eggenkofel
2590
Kärnten
Osttirol
Eggenb
2599
Böses Weibele
Scharten-A.
Schatzbühel
2090
110
Tuffbad
2383
Riebenkofel
Lumkofel
2286
Ladstatt
(982)
Gailbergsattel
Lesachtal
Untereggen
Maria Luggau
St.Lorenzen i.L.
Raut-A.
5 km
12%
17%
Goll
111
Raut
Liesing
Kornat
Podlanig
St. Jakob i.L.
Strajach
St. Aposteln
Laas
Untertilliach
Sterzen
Frohn
Mattling
Gentschach
Karnische Dolomitenstraße
Gail
Obergail
Nostra
Birnbaum
Wodmaier
Algen

In diesem Register sind alle in diesem Führer erwähnten Orte, Bahnen, Täler und Ausflugsziele verzeichnet. Halbfette Seitenzahlen verweisen auf den Haupteintrag, kursive auf ein Foto.

Schreiben Sie uns!

Liebe Leserin, lieber Leser,

wir setzen alles daran, Ihnen möglichst aktuelle Informationen mit auf die Reise zu geben. Dennoch schleichen sich manchmal Fehler ein – trotz gründlicher Recherche unserer Autoren/innen. Sie haben sicherlich Verständnis, dass der Verlag dafür keine Haftung übernehmen kann. Wir freuen uns aber, wenn Sie uns schreiben.

Senden Sie Ihre Post an die Marco Polo Redaktion, MAIRDUMONT, Postfach 31 51, 73751 Ostfildern, info@marcopolo.de

Impressum

Titelbild: Außerfern, Hinterhornbach (P. Mathis)
Fotos: U. Haafke (40, 71); H. Hartmann (12, 38, 52); HB Verlag: Spitta (4, 5 r., 7, 24, 28, 47, 63, 70, 75, 76, 77, 84, 86, 91, 95, 100); Huber: Fantuz (78), Schmid (20), Simeone (56); K. Kallabis (80); La Terra Magica: Lenz (11); P. Mathis (1, 2 u., 6, 17, 25, 39, 43, 45, 50, 59, 61, 67, 82, 92, 96, 99, 105); Mauritius: Ascher (U l.), Nägele (88); Schuster: Ditges (34), Mallaun (2 o.); W. Storto (U r., 72); Swarovski Kristallwelten/J.Weiss (55); E. Wrba (U. M., 5 l., 9, 15, 18, 22, 26, 27, 30, 33, 65);

6., aktualisierte Auflage 2005 © MAIRDUMONT, Ostfildern
Herausgeber: Ferdinand Ranft, Chefredakteurin: Marion Zorn
Redaktion: Leonie Dlugosch, Bildredaktion: Gabriele Forst
Kartografie Reiseatlas: © MAIRDUMONT/Falk Verlag, Ostfildern
Gestaltung: red.sign, Stuttgart

Printed in Germany. Gedruckt auf 100% chlorfrei gebleichtem Papier

Bloß nicht!

An Gefahren und Touristenfallen mangelt es im schönen Bergland Tirol nicht. Man kann ihnen aber ausweichen

Seine Bergfestigkeit überschätzen

Das Abschmelzen der Gletscher in den Alpen führt zu tückischen neuen Gletscherspalten wie auch zu deren Verbreiterung. Beim Skifahren und Tourengehen ist den Lawinenwarnungen unbedingt Folge zu leisten. Um ein Schneebrett auszulösen, das zu einer gewaltigen Lawine wird, kann schon ein falscher Tritt genügen. Die Tiroler Bergwelt kann Urlaubern ganz schön gefährlich werden.
In jedem Fall gilt neben dem Tragen guten Schuhwerks und dem Wetter gemäßer Kleidung: Vor allem Ungeübte sollten sich nur in Begleitung eines Bergführers ans Gipfelstürmen machen. Auch bei leichteren Touren ist es wichtig, die eigene Leistungsfähigkeit richtig einzuschätzen und sich vor dem Aufbruch ein klares Bild vom Schwierigkeitsgrad und den Witterungsverhältnissen zu machen.

Blumen pflücken oder Pilze sammeln

Der Ausverkauf der Tiroler Landschaft hat während der letzten Jahrzehnte zu einer zunehmenden Sensibilisierung der einheimischen Bevölkerung in Sachen Naturschutz geführt. Da weite Teile Tirols unter strengem Pflanzenschutz stehen, empfiehlt es sich, beim zuständigen Fremdenverkehrsbüro oder Gemeindeamt nachzufragen, welche Pflanzen man pflücken darf. Auch für Schwammerlsucher, die mehr als nur einen kleinen Eigenbedarf an Pilzen im Körbchen führen, gelten sehr strenge Bestimmungen: pflücken ist nur an geraden Tagen und bis zu einer Menge von 1 kg pro Person von 7 bis 19 Uhr erlaubt.

An Typical Tyrolean evenings teilnehmen

Bewahren Sie sich eine gesunde Skepsis, wo immer Sie solche Schilder sehen. Auch »Hüttengaudi«, »Kaminabend« oder »Almparty« können bedeuten, dass es laut und teuer wird, wobei nur in den seltensten Fällen echte Folklore, sondern eher »Musikantenstadl«-Kitsch geboten wird. Echte Volksmusik werden Sie vor allem bei Veranstaltungen von lokalen Stubenmusikgruppen, Gesangsvereinen, Volksbildungswerken u. ä. erleben. Meist ist der nüchterne Gemeindesaal eher Garantie für unverfälschte Volkskunst als das Ambiente einer auf »urig« gestylten Almbar. Ähnliches gilt auch für echte Tiroler Volkskunst, die man besser nicht im Souvenirladen, sondern lieber im »Tiroler Heimatwerk« oder aber in den Geschäften kauft, die Einheimische einem empfohlen haben.